Los peligros

Primera edición: enero, 2018

First published with the title *The Hazards*
by the University of Queensland Press, 2015

© Sarah Holland-Batt, 2015
© de la traducción: Gabriel Ventura, 2018

© Vaso Roto Ediciones, 2018
ESPAÑA
C/ Alcalá 85, 7º izda.
28009 Madrid
MÉXICO
Humberto Lobo 512 L 301
Col. Del Valle
San Pedro Garza García, N. L., 66220

vasoroto@vasoroto.com
www.vasoroto.com

Grabado de cubierta: Víctor Ramírez

Queda rigurosamente prohibida, sin la autorización de los titulares del *copyright*, bajo las sanciones establecidas por las leyes, la reproducción total o parcial de esta obra por cualquier medio o procedimiento.

Printed in UK - Impreso en el Reino Unido
Imprenta: Lightning Source

ISBN: 978-84-948232-0-6
BIC: DCF

Sarah Holland-Batt
Los peligros

Traducción de Gabriel Ventura

para Mavis K,
que me enseñó el nombre de las cosas

Denn alles Fleisch, es ist wie Gras

I

I

Medusa

I have always loved the translucent life,
the concentricities
blooming around me
in a ripple-ring of nerves.
If I let my shadow cinch in,
whatever the soul is
billows out like hollow silk.
Needle by needle, I plume
into the rays of an underwater moon,
climbing pure and poisonous
in the drift of marine snow.
Nothing hangs quite so empty.
See how my mind skates,
vain and clear as melting ice.
It contracts with a heart's pulse:
selfish, selfish.
I glide savage, a stinging chandelier,
a brain trailing its nettles
through the anemone swell
and forests of stiff sea fir.
Malice swarms through me in a surge.
I know that flare, that bitter reason.
And I will float and flower
in my season.

Medusa

Siempre he amado la vida traslúcida,
las concentricidades
creciendo a mi alrededor
en ondas de anillos nerviosos.
Si dejo que mi sombra se acerque a ellas,
sea lo que sea el alma,
se hincha como una seda vacía.
Espina a espina me acicalo
bajo los rayos de una luna subacuática,
trepando pura y venenosa
en derivas de nieve marina.
Casi nada cuelga, tan vacío.
Observa cómo patina mi mente,
vana y clara como hielo derritiéndose.
Se contrae en pulso cardíaco:
egoísta, egoísta.
Me deslizo, salvaje, candelabro afilado,
un cerebro rastreando sus ortigas
entre oleajes de anémonas
y bosques de algas tiesas.
La malicia me atraviesa en manada: un arrebato.
Conozco ese fulgor, esa razón cortante.
Y flotaré y floreceré
en mi estación.

This Landscape Before Me

Is unwritten, though it has lived in violence.

First the factory stood, quiet as an asylum.
Then the annihilating mallee with its red fists of blossoms
and the mountain ash creeping over it like a stain.

I have no proof, but I tell you
there were leadlight windows here once, barred.
They cast a little striped light on the women.

Now in scrub and yellow broom I stand on a history
braided and unbraided by stiff Irish wrists.
The rope and span and carded wool are unpicked
as are the faces and names.

Londonderry, Cork, Galway, Kildare—
as I say the words they are sucked away
to a hemisphere in darkness.

I will not presume to say
what suffering is or how it was meted out in this place.
At what point it breaks a body I cannot tell.

But this morning I saw a young rabbit
hunched in brush and shadow.

El paisaje ante mí

No está escrito, pero ha vivido en la violencia.

Primero se erguía la fábrica, callada como un asilo.
Luego el *mallee*[1] devastador con sus puños de flores rojas
y los fresnos reptando a su alrededor como una mancha.

No tengo pruebas, pero te digo
que una vez, aquí, hubo ventanas con vitrales, enrejadas.
Arrojaban un poco de luz a rayas sobre las mujeres.

Ahora, entre arbustos y retamas, entro en una historia
trenzada y destrenzada por duras muñecas irlandesas.
Las cuerdas, las palmas y la lana cardada aparecen descosidas,
también las caras y los nombres.

Londonderry, Cork, Galway, Kildare...
Mientras digo estas palabras son succionadas
hacia un hemisferio en tinieblas.

No me atreveré a decir
qué es el sufrimiento o cómo se infligió en este lugar.
En qué punto se rompe un cuerpo, no lo sé.

Pero esta mañana vi a un conejito
agachado entre la maleza y las sombras.
Vi su rostro lesionado, sus patas,

---

[1] En Australia *mallee* designa a un tipo de vegetación frondosa formada por árboles y arbustos de menos de diez metros, principalmente eucaliptos, acacias o melaleucas (N. del T.).

I saw its lesioned face, its legs too thin to scramble,
the blood-berry red and pink scab of its eye.

It had caught the disease
we brought here for it
and wanted a quiet place to die.

And it was lucky, or as lucky as it would get—
there was time and light, the hawks and dogs
had not been written yet, and were still out of sight.

demasiado flacas para luchar,
la costra rosa de su ojo, como una baya.

Contrajo la enfermedad
que trajimos para él
y buscaba un sitio tranquilo donde morir.

Y tuvo suerte, o tanta suerte como le fue concedida...
Había tiempo y luz, las águilas y los perros
aún no habían sido escritos, ni rastro de ellos.

The Orchid House

Pegged under banana trees
our backyard hothouse was fixed summer
that boiled all year, a green humpy
breathing gauze in meshy sheets.
Indoors it poured artificial rain.

Under that slatted sunlight
I crept the spider-heavy shelves
where exotics festered in their Latin names.
I torqued the twist-wires tight
around each trumpeting neck,
chivvied longlegs from potted dark
as outside the clouds blew back like years.

My grandfather spoke a strange pidgin there,
knew Cat's Face from Queen of Sheba,
Snake Flower, Soldier's Crest, Sulphur Tail.
A decade late, I found a wrinkled block of newsprint
under the orange crucifix,
six men waist-deep in the Mekong
where the war's end could never come.

Death never reached those suburbs, not really.
Bodies in their Sunday best
never lay on our kitchen table

La casa de las orquídeas

Delimitado bajo los bananos
nuestro invernadero, en el patio de atrás, era un verano eterno
hirviendo todo el año, una gasa verde,
abultada y viva de capas enredadas.
En su interior caía un diluvio artificial.

Bajo renglones de luz
yo reptaba los estantes llenos de arañas
donde lo exótico supuraba en nombres latinos.
Apretaba bien fuerte los alambres
alrededor de cada cuello en trompeta.
Acosaba a los opiliones en su oscuridad enfrascada
mientras, fuera, las nubes se volvían negras como años.

Mi abuelo, allí, se comunicaba en un extraño *pidgin*[2],
sabía distinguir la orquídea cara de gato de la reina de Saba,
la orquídea serpiente, la *Oberania titania*, la *Diuris sulphurea*.
Una década más tarde, encontré un arrugado trozo de diario
bajo el crucifijo naranja,
seis hombres sumergidos hasta la cintura en el Mekong,
donde la guerra nunca podía terminar.

La muerte no alcanzó aquellos barrios, no.
En la mesa de nuestra cocina
nunca yacieron cuerpos con sus mejores galas,

---

2   La RAE define el término *pidgin* como una «lengua mixta, creada sobre la base de una lengua determinada y con la aportación de numerosos elementos de otra u otras, que usan especialmente en enclaves comerciales hablantes de diferentes idiomas para relacionarse entre sí» (N. del T.).

stiff as celluloid dolls,
and last goodbyes
were told by nurses in chemical code.

When Grandad died, the wonky shack
grew wild, and creepers curtained over.
Through walls thin and threadbare
I heard them hissing, the cold wet tendrils
that could strangle, and grew on air:
teatree, tangle root, tongue.

tiesos como muñecas de celuloide,
y las despedidas eran pronunciadas por enfermeras
en código químico.

Cuando el abuelo murió, la casucha torcida
se volvió salvaje, y las enredaderas la engulleron.
A través de las paredes finas y harapientas
escuchaba el siseo de los zarcillos, fríos y húmedos,
estranguladores, creciendo en el aire:
árbol del té, marañas de raíces, lengua.

Tropic Rain

Elephant ears like serving plates
stagger under it, tropic rain lashing sideways,
tripping like flapped tarp on tree palm,
lush, symphonic, no image in it. Embers sparked
from the water-forge hammer fern brim
and fling starwards into mango leaf.
Rain I have known like music, a tin oratorio
stammering like a frog into full throat
then overspilling to pinewood soakage,
crotchets quickened to a Cuban beat,
whipcrack on windowpane, slashing
down pawpaw skin, sledding in the green eaves.
Rain shuttering a suburb's eyelids,
rain in slant to louvre grain, sliced rain
with tinctures of iron in it, monsoon rain
so sheeted you stop at the verandah's brink
by a blurred world, all detail drummed,
tempered flat like the verge of sleep.
Then comes outpost rain, audible only
to insect ear, a trickle through weed thicket,
rain you might miss in an intermittent mizzle
like the stutter of magazine fire
that starts and stops and starts again.

Lluvia tropical

Orejas de elefante como bandejas
tambaleantes, bailando como lonas al viento entre palmeras
exuberantes, sinfónicas –sin imagen–.
Una lluvia tropical fustiga las veredas. Ascuas
saltando de los bordes de una fragua selvática
hacia las estrellas y las hojas de mango.
Una lluvia que he conocido como la música,
oratorio de hojalata
balbuceando como una rana enfurecida,
derramándose entre los pinos empapados,
negras acelerándose a ritmo cubano,
latigazos en los cristales, cortando
a tiras la piel de las papayas,
surcando los aleros verdes.
Lluvia obturando un suburbio de párpados,
lluvia de lado sobre franjas de cereales, lluvia a rodajas
con tintes metálicos, monzones de lluvia
tan densa que te paras en el umbral del porche,
al otro lado de un mundo confuso,
donde cada cosa resuena
llana y templada como en la vigilia de un sueño.
Y luego la lluvia de la lejanía, audible sólo
para los insectos, un goteo entre los matorrales,
una lluvia que se pierde a veces en la llovizna intermitente
como el tartamudeo de un barrilete
que empieza y para y vuelve a empezar.

Botany

After the rain, we went out in pairs
to hunt the caps that budded at night:
wet handfuls of waxtips and widows,
lawyer's wigs, a double-ringed yellow.

We shook them out onto gridded sheets,
the girls more careful than the boys,
pencilled notes on their size and shape,
then levelled a wood-press over their heads.

Overnight, they dropped scatter patterns
in dot-and-dash, spindles and asterisks
that stained the page with smoky rings,
blush and blot, coal-dust blooms.

In that slow black snow of spores
I saw a woodcut winter cart and horse
careen off course, the dull crash
of iron and ash, wheels unravelling.

All day, a smell of loam hung overhead.
We bent like clairvoyants at our desks
trying to divine the message left
in all those little deaths, the dark, childless stars.

Botany

Cuando paraba la lluvia, salíamos por parejas
a coger los sombreros que brotaban en la noche:
manos húmedas y rebosantes de hongos de cera y viudas,
matacandiles, setas de doble anillo, amarillas.

Los arrojábamos sobre manteles de cuadros,
las chicas con más cuidado que los chicos,
anotábamos su tamaño y forma,
nivelando el calibrador sobre sus cabezas.

Durante la noche, diseminaban
estampados de puntos y rayas, asteriscos y pernos
que manchaban la página con anillos humeantes,
rubor y mácula, floraciones de carbón en polvo.

En aquella nieve negra y lenta de esporas
vi una carretilla y un caballo
avanzando sin control, el choque apagado
de hierro y ceniza, las ruedas girando.

Durante el día un olor a limo lo invadía todo.
Nos inclinábamos como videntes en el escritorio
intentando descifrar el mensaje olvidado
entre aquellas pequeñas muertes, estrellas oscuras y sin hijos.

A Scrap of Lace

My grandmother used to make Kenmare lace,
    her hook a metal burr
dragging the world slant,
    the chains noosed and trussed,
her patient-handed trickery
    niggling our fates into place.

Like a froth of seafoam or spittle
    it wreathed our handkerchiefs.
Dripped from hems and collars.
    Sat in scalloped rounds under our blue jardinières,
perfect and inconceivable as snow.

I used to hate the lace, fuss
    at the prickle and itch,
feel it scratch around my neck
    like a ring of fine-haired
arctic fern, a sheet of lichen
    shot with ghillie brogue holes.

Sometimes I have lifted a piece
    of that lace up to the light
and tried to unwind it with my eye.
    I have never found an opening
in the lashes and loops of it,
    the cobwebbed knots.

But today I read the history
    of John Mathew Cox,
ferried in 1787 to Botany.

Un retal de encaje

Mi abuela solía hacer encaje de Kenmare,
      su aguja un erizo metálico
rozando el mundo de lado,
      los cabos ligados y atados,
la paciente magia de sus manos
      arreglando nuestros destinos.

Como baba o espuma de mar
envolvía nuestros pañuelos.
Una lluvia de collares y dobladillos.
      Tapetes recortados sobre jardineras azules,
perfectos e increíbles como la nieve.

Yo odiaba el encaje, un alboroto
      de pinchazos y escozor,
arañazos alrededor de mi cuello
      como un aro de helechos
árticos, una sábana de líquenes
      llena de agujeritos.

Alguna vez alcé a la luz
      una de aquellas piezas de encaje
e intenté desenmarañarla con los ojos.
Nunca encontré una abertura
entre sus látigos y círculos,
      los nudos llenos de telarañas.

Pero hoy he leído la historia
      de John Mathew Cox,
que llegó en ferry a Botany en 1787.

        Seven years' hard labour
for thirteen yards of lace.
           I imagine his plain-scrubbed face.

And wonder at the weight
        and heft of those soft boxfuls.
And their usefulness then.
        To pluck a man from his country.
And flog him. And school him
        in justice. And the price of lace.

      Siete años de trabajos forzados
por doce metros de encaje.
      Me imagino su cara lisa y limpia.

Y me pregunto por el peso
      de aquellas cajas llenas y mullidas.
Sobre su utilidad, entonces.
      Arrancar a un hombre de su país.
Y azotarlo. Y adoctrinarlo sobre
      justicia. Me pregunto el precio del encaje.

An Illustrated History of Settlement

Begins with a frame, as if to say here
is the finished, the complete.

Then the last thing on the crosshatched horizon
is a smudge of centuries-dead parrots
in the shining black fruit of cabbage trees.

Above it, a turbulent bluster of cloud.
There was weather. The sky boiled.
And there was water—a choppy wedge
puffed with cutters' sails.

This to introduce the idea of bay,
coastline as opening or entry.

On a far headland, two black men
stand warily, one holding up
a toothpick spear
as if to puncture the clouds' drapery.

Colourless stretch of saltgrass and sand,
middleground as featureless filler.

Closer in, a deckhand unfurls
the rose of a flag in the wind,
and two soldiers squat on a dune,
flintlocks cocked off into the distance,
their heads knotted with tidy black ribbons.

Una historia ilustrada del asentamiento

Todo empieza con un marco, como si alguien dijera
aquí está lo acabado, lo completo.

Luego, a lo lejos, en el horizonte sombreado,
una mancha de loros muertos hace siglos
entre los resplandecientes frutos negros de unas palmeras[3].

Encima, una turbulenta ráfaga de nubes.
Un temporal, el cielo hirviendo.
Y cuánta agua... porciones hinchadas
y agitadas con velas al fondo.

Esto para introducir cierta idea de la bahía:
el litoral como apertura o entrada.

En un cabo lejano, dos hombres negros
se yerguen con cautela, uno sostiene
una lanza, como si quisiera
pinchar las cortinas de las nubes.

Tramos incoloros de arena y hierba,
relleno insípido de tierra.

Más cerca, un tripulante despliega
una bandera al viento,
y dos soldados se sientan en las dunas,
amartillan los mosquetes en la distancia:
sus cabezas rematadas con pulcros lazos negros.

---

3   En el original inglés el poema dice «cabbage trees» (*Cordyline australis*), un tipo de palmera habitual en Nueva Zelanda, también llamada árbol col. Por razones semánticas hemos preferido utilizar el término más general de «palmeras» (N. del T.).

And here in the foreground, a Rubenesque swell
of redcoats tumbling over the beach
like a flock of exotic birds.
Faces fat with apple-cheeked Englishness.
Thighs bulging in white breeches.

And a man in the centre with his arm outstretched—

This is where the eye enters.
And often leaves.

Y, aquí, en primer plano, un oleaje rubensiano
de casacas rojas tumbadas en la playa
como una bandada de pájaros exóticos.
Caras orondas de mejillas rojas, inglesas.
Muslos embutidos en calzones blancos.

Y un hombre en el centro, con el brazo extendido...

Aquí es donde entra el ojo.
Y, a menudo, parte.

The House on Stilts

Through weaved air, that wedge of darkness
chocked beneath our weatherboard

was no man's land—a fretwork of lattice
checkerboarded the sun, and a fernery

of maidenhair and bird's nest
drifted like sea grapes, tinting light green.

An underground exile, I would cup my ear
up for the thud of clipped heels

knocking like ghosts through the floor.
Now I am the ghost, back down where

the heron-house, the crane-house dips
its white sticks into mud, where black rats

scuffle at night in old fuel cans,
where fishing line frays on copper nails

and film-eyed possums howl and steel their claws.
Born between the wars, between the grey fringe

of scrub and the glass scrawl of reef, this
white ghost-crab tiptoed a century, metal-backed,

Palafito

A través del aire mallado, aquella cuña de oscuridad
trabada bajo los listones de la casa

era tierra de nadie –una greca reticular
ajedrezando el sol, y un jardín

de nidos y helechos
amontonados como uvas de playa[4], verde claro–.

Un exilio subterráneo en el que yo aguzaba el oído
para escuchar el ruido seco, entrecortado de tacones

golpeando el suelo como fantasmas.
Ahora el fantasma soy yo, aquí abajo,

donde la casa de las garzas y las grullas
hunde sus palos blancos en el fango, donde ratas negras

pelean de noche entre viejas latas de gasolina,
donde hilos de pescar se descomponen en clavos de cobre

y zarigüeyas de ojos nublados aúllan y afilan sus garras.
Nacido entre guerras, entre la periferia gris

de matorrales y el garabato vidrioso de arrecifes, este
cangrejo fantasmal pasó de puntillas sobre el siglo,

---

4   Uva de playa (*Coccoloba uvifera*): tipo de árbol leñoso que crece sobre todo en playas tropicales (N. del T.).

and now is history. The gulf yawns—a lifetime
since cyclone rain rattled the venetians

like a handful of thumbtacks, discord
of a continent, but I am there still, midden-deep

in that beetle-black carapace, and the light
flickers in and out like radio static.

Outside, a salt breeze has withered the passionflower:
it hangs dead on the vine. The moon flattens to a crisp.

Hang, we will all hang. Night comes early here—
midges jag in the sky like anxious stars.

con su espalda metálica, y ahora es historia. El golfo bosteza...
Mucho tiempo, ya, desde el repiqueteo de la lluvia tropical en las
 persianas

venecianas –un puñado de chinchetas–, la discordia
de un continente, pero aquí estoy, aún, yacimiento profundo

en ese caparazón negro de escarabajo... y la luz
parpadea como ondas de radio.

Fuera, una brisa salada marchita la pasiflora:
cuelga muerta sobre la vid. La luna se alisa, un crujido.

Nos colgaremos, nos colgaremos todos. Aquí la noche llega
 temprano...
Mosquitos muerden el cielo como estrellas ansiosas.

Galah's Skull

I find it in a field of feathers, pink-crested,
a knuckle of bone picked clean by the wind,
a pale mohawk mounted on stone.

I bend down. Zeroed out of its head
are two sockets, two airy planets
full of sun, and taking asylum in one

a millipede is coiled, a slick black hypnotist.
Polished, it spirals in on itself
like one of Saint Hilda's fossil snakes

we studied in the school chapel's stained glass.
As if the eye could dig itself into the earth
then extend a curled feeler out, like a fern.

I turn the skull round in my palm like a pebble—
it will not settle. Otherwise, all is still:
the grasses claw in, the world does not tilt.

Even the blue stand of scrub grows over;
it has nothing on its mind. But the skull
will outlast the summer, a thought cut short,

and I will pass it every day as I walk
and stop just here, where the air hones its teeth
on bone, where the mind remembers itself

Calavera de galah[5]

La encuentro en un campo de plumas, una cresta rosada,
un puñado de huesos barridos por el viento,
un pálido mohicano cabalgando sobre piedra.

Me agacho. Arrasadas en su cabeza
tiene dos cuencas, dos planetas etéreos
llenos de luz, y en uno de ellos, refugiado,

un milpiés, hipnotista escurridizo y negro.
Elegante, enrollado en su propia espiral
como las serpientes fósiles de Santa Hilda

que estudiábamos en la capilla con vitrales de la escuela.
Como si el ojo pudiera penetrar la tierra
y extender una antena rizada, cual helecho.

Doy la vuelta a la calavera sobre mi mano, como un guijarro...
No asienta. En cambio, todo sigue igual:
la hierba, tersa, el mundo permanece.

Incluso la línea de arbustos azules sigue creciendo;
sin nada en qué pensar. Pero la calavera
sobrevivirá al verano, idea fugaz,

y yo cada día la veré mientras camine
y pare aquí, donde el aire pule sus dientes
y la mente se autoinvoca como una concha

---

[5] La cacatúa galah es uno de los tipos más comunes de Australia. Se puede identificar por su típico plumaje rosáceo (N. del T.).

as a shell, and mourn what was once
a world: one eye rolled to the daylight moon,
the other pressed down into the earth.

y llora lo que antes fue un mundo:
un ojo girado a luz diurna de la luna
y el otro hundido en la tierra.

Desert Pea

Like the pursuit of fire
a wind stirs the rocks,

summons into heat
a kind of cardinal calm.

This is the violence
of distance.

No end, no horizon.
Only desert floor,

henges of red
and the absolute artifice of sky.

I cannot stand
the certain world:

rock grass and thistle,
animal thirst

invading my eye.
Give me night, the stars

streaming past me
huge and soundless.

Give me the silence
of the mind.

Guisante del desierto

Como la búsqueda del fuego,
el viento despierta las piedras,

convoca en el calor
una suerte de calma esencial.

Esta es la violencia
de la distancia.

No hay fin, no hay horizonte.
Sólo suelo desierto,

círculos rojos
y el artificio absoluto del cielo.

No soporto
la certeza del mundo:

hierbajos y cardos,
sed animal

invadiendo mi ojo.
Dame noche, las estrellas

fluyendo
inmensas y mudas.

Dame el silencio
de la mente.

Approaching Paradise

Here in the white, white wing of a gull
you may glimpse paradise. In the flensing sun.
The prodigal sea, bent back on itself,
has the rough green mind of paradise.

Paradise is in the breadfruit's low sling,
the purple scrawl of bougainvillea up a wall.
It is in the yachts' clatter and wheel,
the fishermen's nylon stringing the wind.

You will find paradise in a whiting
drowning in a bucket of freshwater,
in the jammed blade of a fishscale
like quicklime under the thumb.

Women roast themselves in coconut oil
and children run bare-legged in paradise.
Praise them. And praise the black-faced bat
travelling even in sleep through paradise.

This fringe of storm-streaked shacks
with genuflecting surfers riding in,
this line of Norfolk pine. Wet dogs
nosing the muck of a king tide.

Praise the bloated body washed in,
the gentle nibbling of baitfish and bream,

Llegando al paraíso

Aquí, en la blanca, blanca ala de una gaviota
vislumbrarás el paraíso. En el sol destripador.
El mar pródigo, curvado sobre sí mismo,
tiene la mente rugosa y verde del paraíso.

El paraíso está en el balanceo del árbol del pan[6],
en el garabato púrpura de la buganvilla.
En el timón y el estrépito del barco,
en la red del pescador enhebrando el viento.

Encontrarás el paraíso en el merlán
ahogándose en un cubo de agua fresca,
en sus escamas como cuchillas
–cal viva bajo el pulgar–.

Las mujeres se asan en aceite de coco
y los niños corren desnudos, en el paraíso.
Alabémoslos. Y alabemos al murciélago
que atraviesa dormido el paraíso.

Alabemos este suburbio de chozas sacudidas
por tormentas y surferos en genuflexión,
toda la hilera de araucarias[7]. Perros mojados
hociquean en el fango de la marea.

Alabemos los cuerpos abotargados
bañándose en ella,

---

6   El árbol del pan o frutipan (*Artocarpus altilis*) es un árbol tropical típico del sudeste asiático y Oceanía (N. del T.).
7   La araucaria es un género de coníferas típico de Australia (N. del T.).

bikini-clad tourists jerked out by rips,
the summer and violence of paradise.

A shark's slit corpse gapes pink on the jetty,
its head yanked on a hook like a sacrifice.
Its shank is smooth and black as paradise.
Men with knives kneel down like seraphim.

los mordiscos gentiles de pececitos y besugos,
turistas en biquini empujadas por las corrientes,
el verano y la violencia del paraíso.

El cadáver rajado de un tiburón
mira boquiabierto y rosa el muelle,
su cabeza arrancada cuelga de un gancho
como un sacrificio.
Su torso es suave y negro como el paraíso.
Hombres con cuchillos se arrodillan:
serafines.

II

II

The Vulture

for Tom Schulz

From his windblown roost, he leans out of himself
into morning, baggy shoulderblades swivelling
in a loose swoop, underbelly bulk
lagging in counterweight to wing,
each stroke ratcheting him into the clear levels of sky.
A reptilian meanness in the face:
raw pink skin rolled on the skull
in slack waves, the whistle flare of nostrils
like a shell's hollows, bubbled tar eye.
By some error, his flawed throat
makes nightmare music: a feline hiss,
the monstrous grunt of sex, all of it hatched
by a mind without pitch.
Brought keeling down to perch
at the swell of rot and bloat
rushing through that tunnelled nose,
he drops foot-first into jungle leaf
and when the jaguar pads away in blood,
stoops to feed. Shaman of transfiguration,
high priest of the day's death march,
he is the afterlife of all things:
child, star, pig, the small circumscribed lives
of the apes and fleas. Attendant, absorbed,
he snips the body from its shadow
with a surgeon's concentration,
sword-swallows tripe rosette,
trotter and gizzard to the hilt,
unzips sun-marinated gristle from skin
with scalpel cut and claw.

El buitre

para Tom Schulz

Desde su rama mecida por el viento, se asoma
a la mañana, anchas escápulas girando
en caída libre, el bulto del vientre
deshinchándose en contrapeso con el ala
–con cada aletazo más unido
a los claros estratos del cielo–.
Una maldad de reptil en la cara:
carne cruda y rosa enrollada al cráneo
en olas blandas, el silbato cegador
de las fosas nasales como el surco de una concha,
ojo ampollado de alquitrán.
Por algún defecto, su garganta deforme
produce una música de pesadilla:
un siseo felino,
el monstruoso jadeo del sexo,
todo envuelto en un pensamiento atonal.
Se desploma en la marea de hinchazón y podredumbre,
irrumpe el pico excavado,
deja caer sus primeros pasos entre la selva de hojas
y cuando el jaguar se aleja, cauteloso, ensangrentado,
se encorva y come. Chamán de la transformación,
sumo sacerdote de la marcha de los muertos,
es el más allá de todas las cosas:
niño, estrella, cerdo, la pequeña vida circunscrita
de los simios y las pulgas. Atento, absorto,
secciona el cuerpo de su sombra
con precisión de cirujano,
engulle premios de tripas como espadas,
pata y molleja hasta la empuñadura,

His eye flowers darkly.
Self into self without summit,
he gorges in silence, strops his beak,
then hoists out of the corpse on awkward wings,
veering up into the wind's periphery
as if returning from a foreign country,
diving straight into turbulence.

despega cartílagos marinados al sol
con cortes de garra y bisturí.
Su ojo florece, oscuro.
Yo contra yo sin cima,
se atiborra en silencio, afila el pico,
y se eleva del cadáver, reflexivo,
virando bruscamente hacia las periferias del viento
como si volviese de un país extraño,
embistiendo de lleno la turbulencia.

Essay on the Toucan
Osa, Costa Rica

The old colonel keeps his uniform clean:
his kerchief of revolutionary red,
crisp militia black, the absurd cartoon beak.
Proud, dictatorial, he sits out his days
counting in a grubby run-down hole,
he is shunting the dead and the living
into clean blue-lined ledgers,
he is working through the long division
of his shotgun jungle republic
with border and junta, breaking
the shanty towns, corpses, trade winds
into clean fractions, dashing the old maps
with new horizons. He claps his bill,
maniacal, tallies huts and hacked limbs,
the floral-dressed, the modest
severed heads of women,
corrals of them cut down like cane
behind the green screen
of coconut and balsawood,
that leaf-striped territory, he skips ahead,
loses place, starts again, swallowing
each dusty isolate street of cola billboards
and mango stalls in a vast nihilistic surge,
all names addresses faces erased.
All hail our cannibal Caesar,
one bird a nation of the missing
in the macheted ferns and quashed nests,
the dark tribunal of the trees.

Ensayo sobre el tucán
Osa, Costa Rica

El viejo coronel mantiene el uniforme limpio:
su pañuelo rojo revolucionario,
la chaqueta militar negra, fresca,
la nariz absurda de dibujo animado.
Orgulloso, dictatorial, acaba de pasar sus días
calculando en un agujero mugriento y decadente,
separando los vivos de los muertos
en estanterías azules y pulidas,
trabaja en la larga división
de su república selvática de escopetas
con fronteras y juntas, irrumpe
en pueblos de chabolas, cadáveres, vientos alisios
en limpias porciones, arruinando los viejos mapas
con nuevos horizontes. Aparta ruidosamente la lista,
maníaco, el recuento de chozas, sus extremidades acuchilladas,
las discretas cabezas separadas de las mujeres
con vestidos floreados,
montones de ellas cortadas como cañas
tras la pantalla verde
de cocoteros y balsas,
aquel territorio rayado de hojas, lo salta,
pierde pie, vuelve a empezar, engullendo
todas las calles polvorientas y desoladas
con vallas publicitarias
y puestos de mangos en un arrebato de nihilismo,
todas las caras, las calles, los nombres, borrados.
Todos saludan al César caníbal,
un pájaro en la nación de los perdidos,
entre los helechos macheteados y los nidos destruidos,
el tenebroso tribunal de los árboles.

The Capuchin
Gran Lago, Nicaragua

I find him down by the boathouses,
a white-haired mystic with canine rhythm.
He paces and paces doggedly
and has a kind of zoo look to his face.
His chain leads down from the soursop tree
to a pat of trodden mud and dung
where he guards a pool of run-off
and stares at his face in the gasoline.
He is a pet of the boatmen
whose blue and green covered craft
ferry tourists to Las Isletas.
I have travelled out there once
and seen his brethren
swinging high in the balsa trees.
Wearing neat black caps and sheepskin
they hung like anvils in the flowers,
ministering to each other
with fingers fine as Julieta cigars.
Like a penitent I approach him
and offer fruit to his terrible intelligence,
a few lime oranges from my bag
dropped into his calabash.
He turns his pink features to the sun
and shuns my offering, curling
his lyre-bird tail around the leash.
Here we are too far from the islands

El mono capuchino
Gran Lago, Nicaragua

Lo encuentro en el cobertizo de los botes,
un místico de pelo blanco y ritmo canino.
Se pasea de un lado a otro, tercamente,
y tiene una especie de mirada zoológica.
Su cadena baja desde el guanábano[8]
hasta un caminito trillado de barro y estiércol
donde vigila una piscina desbordada
y observa su cara en el gasoil.
Es la mascota de los barqueros
cuya barquita, azul y verde,
lleva turistas a Las Isletas.
Ya estuve aquí una vez
y vi a sus camaradas
columpiándose en lo alto de los árboles de balsa.
Llevaban pulcros gorros negros y borreguillo,
colgaban como yunques en las flores,
con sus dedos finos como habanos
cuidaban los unos de los otros.
Me acerco a él, penitente,
y ofrezco frutos a su enorme inteligencia,
unas cuantas limas que llevo en la mochila
y que arrojo a su calabaza.
Vira sus rasgos rosas hacia el sol
rehuyendo mi oferta, rizando
su cola de ave lira en torno a la correa.
Aquí estamos demasiado lejos de las islas

---

8   El *Annona muricata* o guanábano es un árbol cultivado en muchos países tropicales por sus frutos (N. del T.).

and there is nothing I can do.
He looks at me with a mendicant air
and dips his paw into coconut cream,
then unhinges a long low howl on needled teeth.
His is the last true religion.
He practises sermons too green to transcribe
on the subject of the Sandinista revolution
to an early choir of sandflies,
then screams like the devil as the boats come in
and packs of gulls on the shoreline
carry on their cheerful scavenging.

y nada puedo hacer.
Me mira con aire mendicante
y hunde la pata en pulpa de coco,
resoplando un aullido largo y sordo
entre sus dientes aguijoneados.
Es la última religión verdadera.
Pronuncia sermones demasiado verdes para ser transcritos
sobre la Revolución sandinista
a un coro matinal de tábanos,
y luego grita como un demonio mientras se acercan las barcas
y jaurías de gaviotas en la costa
prosiguen su festín feliz.

The Macaw

Blue is not the colour of paradise.
See the macaw somersault out into a sea

of air, a fork of cracked blue lightning
jagging down the brainless sky,

a rudderless blade. With palette knife
wings, he ekes and scrapes the day's

bottled colour, and lives in air, is air.
Do not call him vacant: he has intent,

though his face is empty, he buffets, a splay
and flash of navy scraps, a brush

of dripping indigo, and stages
a surprise assault on the poor slovenly

trees, the tropic fruit. All entropy,
that knickknack beak. He shakes down

a rain of blood-berries, a rich drench,
and feeds. Chatter is as chatter does:

his ear turns transistor for scratched stone
and rust. Flight calls him, always,

over the oneupmanship of the canopy,
its smug creepers strangling the weak

El guacamayo

El azul no es el color del paraíso.
Observa las volteretas del guacamayo

en el océano de aire, una horca de brillo azul, roto,
rasgando el cielo estúpido de arriba abajo,

cuchilla sin timón. Con su paleta de alas
afiladas, raciona y rasga el color

embotellado del día, vive en el aire, es aire.
No le llaméis bobo: tiene convicción,

aunque su rostro está vacío, avanza, un destello,
una expansión azul marino de retales, pincel

goteante de índigo, escenifica
un ataque sorpresa a los árboles

desaliñados, los frutos tropicales. Pura entropía,
el pico-chuchería. Inspecciona una lluvia

de bayas, rico jarabe,
y lo bebe. La cháchara de siempre:

el oído se vuelve transistor
de piedras y óxido. Vuela

sobre la superioridad del follaje, donde
enredaderas petulantes estrangulan

like fat snakes, that sad hierarchy.
Above it all the macaw blazes, guerilla

sky-mimic flickering along the horizon's nerve,
mad with his blueness, an oceanic

reliquary, deep Cousteau ultramarine
that inverts sky and sea, full bolt blue,

and the sun stings with him. From his view
the Andes are dust, pallid cousins of the Alps,

and the gold-bulbed ants who squall
and clamber in the mud glitter

meaningless as jewels. He fossicks
anxiously through spring's sudden greens,

and each poisonous seed
festers in his gut, heavy as history.

Morning, he sings the bullet out of it,
a dark star dyed almost invisible

against day's amnesiac backdrop.
The seasons repeat. The macaw forgets

nothing; he hoards it all like ambergris.
Palms fray in the wind, fronds drop

ratty showers of budded fringe,
swathes of forest and petty tyrants

a los débiles, serpientes obesas: triste jerarquía.
Por encima de todo, los reflejos del guacamayo, mimo

soldado del cielo titilando en los nervios del horizonte,
loco de azul, relicario oceánico,

Cousteau de ultramar que invierte cielo y mar,
tornillo azul, y el sol ardiendo junto a él.

En sus ojos, los Andes son polvo,
primos pálidos de los Alpes,

y las hormigas de cabeza dorada que chillan
y trepan por el fango brillante,

joyas sin sentido. Busca oro
ansiosamente entre el verde repentino de primavera,

semillas venenosas supuran en su estómago,
pesadas como la historia.

Por la mañana, las escupe como balas, canta
una estrella teñida de negro, casi invisible

contra el telón amnésico del día.
Se repiten las estaciones. El guacamayo

no olvida: lo acumula todo, como ámbar gris.
Las palmeras luchan contra el viento, las hojas caen

en una lluvia raída y germinada,
franjas de bosque y tiranos mezquinos

shrink. Everything moves into the eye
of the macaw, native and comprehending,

everything sinks into that black bowl.

encogen. Todo se mueve en el ojo
del guacamayo, sabio indígena,

todo se hunde en ese cuenco negro.

Life Cycle of the Eel

A flash like silver cufflinks
ribbons off into river grass:
a fluid lick of nickel,
the sidle and slather of eel.
Eyes flat as dishpans
and night-sweat slick,
it flutters out of its den
in slow ouroboros,
a struggling lasso
of almost human skin.
No beauty is quite
like the fan and fluting of glass
it spawns in the reeds,
a clutch of clear jelly streamers
riding the Gulf Stream
to the Sargasso Sea.
Its accent is Scots: elves,
a corruption of eel-fair.
Sexless, according to Aristotle,
born of the slime of sea rocks
or the guts of wet soil.
Today I thought I saw
a silvering eel climb
out of a country stream
and snake its visible heart
through the soaked grass:
migrant of the seas,
line and vector stretching
in a single direction,

Ciclo vital de la anguila

Un destello de gemelos plateados
ribetea entre la hierba del río:
lametón de níquel líquido,
extensión y fuga de la anguila.
Ojos planos como barreños,
pringosos como sudor nocturno,
ondea fuera de la guarida
–lento uróboros,
lazo-púgil
de piel cuasi humana–.
Ninguna belleza
como la del abanico y la ondulación del vidrio
que desova entre los juncos,
una puesta de serpentinas, gelatina transparente,
remontando la corriente del golfo
hacia el mar de los Sargazos.
Acento escocés: elfos,
corrupción en la fiesta de la anguila.
Según Aristóteles, asexuadas,
nacidas del cieno de rocas marinas
o de las tripas de la tierra húmeda.
Creo que hoy vi
una anguila plateada saliendo
de un riachuelo de campo
y su corazón serpenteaba
entre la hierba empapada:
emigrante de los mares,
vector y línea alargándose
en una sola dirección,

its head turned from me
like an omen,
unknowable, knowing.

su cabeza en sentido opuesto
como un presagio,
inescrutable, sapiente.

Orange-bellied Parrot

In the British Museum, its seed-green head
dreams under polished glass
of a long wing-hammering flight south

down through the mosquito net latitudes,
the dark, banana-flanked islands
hunkered in blue archipelagos,

dots of monsoon shacks
on fleeting beaches, cane
plantations streaming wires of smoke,

dropping down, down, further south
to its home country, the grim
scrim of marram and marsh rosemary

marking the boundary of what it knows,
where the turpentine stink
of eucalypts closes in like prison air,

the unending scribbly gums
menace their silver knives,
and the scrawny catstails of casuarinas

whip and whip an uncharted sky.
Its emissary heart wheels out,
sprout-green, staghorn-green,

Periquitos ventrinaranjas

En el Museo Británico, la diminuta cabeza verde
sueña bajo cristal pulido
con un largo viaje por el sur batiendo las alas

hacia una latitud de redes de mosquitos,
de islas oscuras, flanqueadas por bananos
agachados en archipiélagos azules,

puntos de chabolas monzónicas
en playas fugaces, plantaciones de cañas
emitiendo hilos de humo,

descendiendo aún más, más hacia el sur
y su hogar, el lúgubre telón
de hierbajos y romero

señalando la frontera de lo conocido,
donde el aguarrás apesta
a eucalipto –una prisión de aire–,

las infinitas resinas garabateadas
amenazan sus dagas plateadas,
y las hojas secas de las casuarinas[9]

fustigando el cielo inexplorado.
Su corazón emisario rueda,
brota verde y encornado,

---

9   Las casuarinas son un tipo de arbustos comúnmente conocidos como roble hembra; crecen en Java, Australia, Nueva Zelanda y Madagascar. Sus ramas, con el viento, provocan un sonido musical (N. del T.).

looking for a familiar *tzeet, tzeet*
in the chipped dialect of corellas,
the chitter of greenfinches,

the cockatoos' and blue-wings' squall,
and, finding nothing but
the roar of parrot talk at dusk

rising hot in its ears, the sour honey
of currants in its throat, it would float
into the leaves like a ghost, green on green,

and from its black coral beak
let its voice inch out on a branch,
a quick orange flare in the thicket.

busca el familiar *zum zum*
en el dialecto quebrado de las corelas[10]
y en el trino de los verderones,

en las cacatúas y las borrascas de alas azules,
pero no encuentra nada, tan sólo
un clamor de loros parlanchines al atardecer

creciendo fervoroso en sus oídos, la miel amarga
de las bayas en la garganta. Flotaría entre las hojas
como un fantasma, verde sobre verde,

y desde su pico, coral negro,
alzaría el canto poco a poco en una rama:
un veloz destello naranja entre los matorrales.

---

10   Las corelas son unas cacatúas típicas de Australia (N. del T.).

Green Ant Tarantella

A fiddle of strings:
gold hinges
snap, beads

of Chinese jade
wobble
on loose chain.

Quick sprint
of filament.
Leaf bitumen.

Bows scratch
sticky zags,
batons wave

in grass-green
tack. Morse is ant:
Dash. Dot. Dash.

Tarantela de las hormigas verdes

Un recreo de cuerdas:
chasquido de bisagras
doradas, burbujas

de jade chino
se tambalean
en débil cadena.

Finta rápida
de filamentos.
Betún de hojas.

Arcos que rasgan
curvas pringosas,
batutas que ondean

en desvíos de hierba
verde. Morse hormiga:
Raya. Punto. Raya.

Three Sketches of a Favourite Cat

I

My moon-clawed killer
masquerades as jungle, mime-still
under the racket of parrots,
prickling in green switch and shade.
He holds his scarred head steady.
Beneath that velvet skullcap
he philosophises in Burmese.
His mind is like a thicket of green bamboo
in which one blue cat is creeping.

II

Sly: his gaze is an executioner's.
Cool as a Cuban sunseeker, he snoozes
in the noonday zoom of flies.
He masks his art in long pink yawns,
kid-glove paws and Zen stretches,
but when a skink
skitters in leaf litter
he is feral, tip-to-toe muscle,
his thoughts still as trapped water,
his tail a bend in the Nile.

Tres esbozos de un gato preferido

I

Mi asesino de garras lunares
disfrazado de selva, mimo inmóvil
bajo el barullo de loros,
cosquilleo de ramitas verdes y sombras.
Sostiene su cabeza arañada.
En su mollera de terciopelo
filosofa en birmano.
Su mente: matorral de bambú verde
donde trepa un gato azul.

II

Travieso: su mirada es la de un verdugo.
Indolente como un turista en Cuba, cabecea
en el zumbido de las moscas mañaneras.
Oculta su destreza en bostezos largos y rosas,
guantes blancos y estiramientos zen,
pero cuando un lagarto
se escabulle entre la hojarasca
es feroz, puro músculo,
su pensamiento calmo como agua estancada,
su cola un arco en el Nilo.

III

Sad Caesar, god of the moveable feast,
in the afternoons he presides
over the painted birds' antics
and dreams of the fields at Bubastis:
a thousand cat skulls
wrapped in linen and spice,
cold milk of the afterlife.

III

Triste César, dios del festín portátil,
por las tardes preside
las payasadas de los pájaros pintados
y sueña con los campos de Bubastis:
mil calaveras de gato
envueltas en lino y especias,
leche fría del más allá.

Possum
after John Kinsella's 'Goat'

Possum running bristle-bellied through the night
and grunting up the tree. Possum in the early hours
scrabbling in banana mash, moss-nosed
scavenger possum on skinny forepaws
raw pink ears and juiced face,
possum thick with the musk of possum,
possum of the gutturals, umlaut vowel possum,
daylight possum jammed up snoozing fat
in the window well,
night possum revving like a leafcutter on the roof,
bitumen-mouthed growler, rough-throated graveller,
sneakthief scratching the floorboards,
raider possum cloudy-eyed in the fruit bowl,
hammer-hearted nightwalker,
ring-tailed acrobat howling on the whistle sticks,
possum skidding down corrugated iron,
tightrope possum highwiring on powerlines,
possum zapped in a surge
hanging grey-gutted in sun,
roadside possum frozen in car zoom at nightfall,
possum careening on shaky legs
turned roadside possum, possum playing possum
or possibly possum meat, stemmy eye hanging loose
in jelly, tatty-eared, mottled
pelt of possum, bark-backed, burr-furred possum
gunning for a squall, territorial possum
with its claws deep in the side of possum,
possum in perpetual fear

Zarigüeya
Inspirado en *Goat* de John Kinsella

Zarigüeya atravesando la noche, el vientre erizado,
escalando el árbol mientras gruñe. Zarigüeya de madrugada
escarbando restos de bananas, zarigüeya de nariz chata y musgosa,
carroñera, patas flacas, orejas rosas, crudas, cara jugosa,
zarigüeya gruesa con almizcle de zarigüeya,
zarigüeya gutural, zarigüeya de las vocales agudas,
zarigüeya atiborrada a la luz del día, echando la siesta
en el hueco de la ventana,
zarigüeya nocturna sublevándose en el tejado
como trituradora de hojas,
aulladora de boca embetunada, rastreadora de grava
de voz ronca, ladrona sigilosa que ralla las tarimas,
zarigüeya invasora de ojos grises en el cesto de la fruta,
paseante de la noche de corazón palpitante,
acróbata de cola rizada, cantante de voz aflautada,
zarigüeya deslizándose por tubos metálicos,
zarigüeya en la cuerda floja de postes eléctricos,
zarigüeya capturada,
colgando al sol, gris y destripada,
zarigüeya en la cuneta paralizada al ver pasar un coche
zumbando al anochecer,
zarigüeya de patas temblorosas en la cuneta,
zarigüeya jugando a la zarigüeya, posible carne de zarigüeya,
ramilletes de ojos de zarigüeya colgando en gelatina,
zarigüeya de orejas harapientas y piel moteada, zarigüeya
de voz negra, zarigüeya de pelaje erizado
huyendo de la tormenta, zarigüeya territorial
clavando sus garras en otra zarigüeya,
zarigüeya en miedo permanente

of cat or dog or the quick smear
of possum on the road, passive
or past tense possum, possum on the run.

a los gatos, a los perros, a una mancha de zarigüeya
en la carretera, zarigüeya en pasivo o en pasado,
zarigüeya a la fuga.

Muttonbird

> *They catch the birds and them that have no eggs they let*
> *go again and them that are with Egg they cut the Egg out*
> *of them and then let the poor Bird fly.*
> —Lt Ralph Clark, Norfolk Island, 1790

Yes, I have the heart of an oil baroness,
all fish-white and feather-packed,

sweet jellied salt and sullied.
The spring bomb ticks in me,

a slither of gold and whites,
my island child. I hull it swaddlingly

like luck, luck, my heart
piano-wired and plucked

and in the fizz and thresh
of the shoaling sea, in my wild eye

there's a prize for them with knives,
brazen breeches that tramp

the humpbacked beach
bleak as sticks of moon rock

and come taloning
to hook the world from my side.

Pardela[11]

> *Capturan los pájaros y sueltan de nuevo aquéllos que no tienen huevos*
> *y a aquéllos que tienen huevos se los quitan*
> *y luego dejan salir volando al pobre pájaro.*
> TENIENTE RALPH CLARK, Isla de Norfolk, 1790

Sí, tengo el corazón de una baronesa del petróleo,
blanco-pescado, lleno de plumas,

gelatinoso, dulce, salado y sucio.
La bomba de la primavera, tictac,

en mi interior, un zigzag de oro y blancos,
mi niño isleño. Lo desgrano,

envolviéndolo con suerte, suerte
mi corazón piano, pelado

y en el burbujeo y trillo del mar
convulso, en mi ojo salvaje

hay una recompensa de cuchillos,
atrevidas nalgas que avanzan

en la playa jorobada
sombría como postes de rocas lunares

y caen zarpas
pescando el mundo de mi lado.

---

11 La pardela es un tipo de ave acuática y palmípeda parecida a la gaviota (N. del T.).

A Crab Tide

I tread where the mangroves end
in a high tide of red fiddler crabs—
machined pincers, slow primordial heads
like sidestepping stones
wet-cemented in ooze.

From their tatty jaws, new planets
mass and tumble like pearls,
empires of sand moons
forged in the ebb
where barbarians raise their hostile claws.

These coral relics, this foraged rot
are home, or half-home—
we falter, we twostep on the annihilating tide
where each fringe colony
flares and dies, flares and dies,

and breadfruits and mangy palms
thrash as if they might lift off
to seek an older idea of shore,
and beach shacks cling, cling
like limpets armoured in tin.

The idiot Pacific rolls its tongue—
here the razing of culture is ritual,
each anthill perfect and perfectly erasable,
perched where the black backwater
will smash overhead and bury it all.

Una marea de cangrejos

Camino hasta donde termina el manglar
en una marea roja de cangrejos violinistas...
Pinzas mecánicas, lentas cabezas primordiales
como una hilera de piedras
encoladas en el fango.

Entre sus mandíbulas andrajosas, nuevos planetas
crecen y ruedan como perlas,
en los reflujos se forjan
imperios de arenas lunares
donde los bárbaros alzan sus garras hostiles.

Estas reliquias de coral, este pastizal podrido
son su casa, su otra casa...
Nos tambaleamos, bailamos en la marea arrolladora
donde cada colonia exterior
brilla y muere, brilla y muere,

y árboles del pan y palmeras ajadas
se despedazan como si buscasen
una antigua idea de costa,
y las chabolas playeras se amontonan
como lapas blindadas de estaño.

El Pacífico, idiota, enrolla la lengua...
Aquí la devastación de la cultura es un ritual,
cada hormiguero perfecto y perfectamente deleble,
erigido allí donde las negras corrientes
romperán y lo enterrarán todo.

III

III

Of Germany

Of a green bicycle with a brown basket
and a slim pack of menthol Vogues
in a Munich café in June, of a black motorcycle,
of riding a black motorcycle in the countryside
to a palace with mirrored rooms
and chandeliers like porcelain anvils,
of Berlin, and the promise of Berlin
on a Monday afternoon, of love
and of Germany, of the scrawny Dalmatian
running free in the Englischer Garten
and the word *Kleine* which is clean as crystal
on the tongue, of your crystalline laugh
and the question of the doubled key,
of blackbirds, of blackbirds carolling
in dark thickets of Bavarian forest
and the Starnbergersee, and the madness
of King Ludwig which also belongs to us,
of folly and of grass, of public squares
and sheets always freshly pressed
before the night train arrives,
of the rough joy of bees whose throats
are tobacco flower and gravel, of south
and north, of winter and summer,
of weathervanes swift as arrows
and starlings oiling the oaks,
of vanity and perishable memory,
of the invisible cats sleeping indoors
and the longest nights, and the beautiful cars
that go so suicidally fast.

De Alemania

De una bicicleta verde con una cesta marrón
y un delgado paquete de Vogues mentolados
en un café de Múnich en junio, de una moto negra,
de conducir una moto negra por el campo
hasta un palacio de habitaciones con espejos
y candelabros como yunques de porcelana,
de Berlín, y de la promesa de Berlín
un lunes por la tarde, del amor
y de Alemania, del dálmata flacucho
corriendo a su aire en el Englischer Garten
y la palabra *Kleine* limpia como cristal
en la lengua, de tu risa cristalina
y la pregunta de la cerradura doble,
de los mirlos, de los mirlos silbando
en los matorrales oscuros del bosque bávaro
y del Starnbergersee, y de la locura
del rey Ludwig que también nos pertenece,
de las tonterías y la hierba, de las plazas públicas
y las sábanas recién planchadas
antes de que llegaue el tren nocturno,
de la alegría severa de las abejas con sus cuellos
de flor de tabaco y grava, de sur
y norte, de invierno y verano,
de veletas ligeras como flechas,
y de estorninos engrasando los robles,
de vanidad y memoria perecedera,
de los gatos invisibles que duermen en casa
y las noches larguísimas, y de los coches hermosos
que corren con ansias suicidas.

Late Hammershøi
after Vilhelm Hammershøi's Interior with Woman at Piano, Strandgade 30 *(1901)*

The world won't come in, not tonight.
The door is open, the window is closed,
the linen stiff and white as an owl's wing.
Saucers stand sentry over the table.
Butter has gone soft in a dish.
And what the black-haired girl slumped over
the piano plays is forever hidden,
her arpeggios deliberate and slow as the sun.
Hammershøi loved the light. Light streaming
like a woman's hair through the window,
light wetting the mouths of wineglasses,
light slanting its long towers on the floor
like the travelling teeth of a comb.
Particles swimming there in light's archery.
Hammershøi's friends worried
this obsessiveness was symptomatic:
the long hours alone, his cool privacies.
To love light above all, whose main habit
is dissolving. The critics tired of it.
Study after study of Ida's back,
years spent leaving or entering a room.
Light is routine, they said.
But that was his genius: light survives us.
In its long wandering, in its patient
illumination of hallways and doorframes,
of streets and alleys in our absence.
And now it is evening. Hold your breath.
The room is quiet, a chair is empty,

Hammershøi tardío
Inspirado en Interior with Woman at Piano,
Strandgade 30 (1901) *de Vilhelm Hammershøi*

El mundo no entrará, no esta noche.
La puerta, abierta, la ventana, cerrada,
las sábanas tiesas y blancas como el ala de un búho.
Sobre la mesa, unos platillos centinelas.
La mantequilla se ha derretido en un plato.
Y lo que la muchacha de pelo negro toca
inclinada sobre el piano permanece oculto
para siempre, sus arpegios
pausados y lentos como el sol.
Hammershøi amaba la luz. La luz manando
como el cabello de una mujer por la ventana,
la luz bañando la boca de las copas,
las largas torres de luz oblicua sobre el suelo
como los dientes nómadas de un peine.
Partículas nadando a tiro de arco.
A los amigos de Hammershøi les preocupaba
que esta obsesión fuera un síntoma:
las largas horas de soledad, su intimidad
indiferente. Por encima de todo
el amor por la luz, cuyo hábito principal
es disolverse. Los críticos, cansados.
Boceto tras boceto, la espalda de Ida,
años vividos saliendo
y entrando de una habitación.
La luz es rutina, decían.
Pero ése era su genio: la luz nos sobrevive.
En su largo vagar, en su paciente
iluminación de recibidores y marcos de puerta,

doors open on doors, the piano is darkly gleaming.
Velvet creeps over the hammers of the keys.
The world won't come in, not tonight.
Only cascading notes float like dust
in the air, soft as ash. Mozart, it must be.

de calles y callejones sin nosotros.
Y ahora es el ocaso. Aguanta la respiración.
El cuarto está tranquilo, una silla vacía,
puertas abiertas a otras puertas,
el piano arroja destellos oscuros.
El terciopelo resbala sobre el martilleo de las teclas.
El mundo no entrará, no esta noche.
Sólo notas en cascada, flotando como polvo
en el aire, suaves como ceniza.
Debe ser Mozart.

Collioure/Love Poem

An open window
on the Mediterranean.
Mid-afternoon.

Yachts
leaning
in salmoned light.

A green sail
leafing
into distance.

Salt breeze
deliberating
what to do next.

And the luxury
of turning
back to the room.

Collioure / Poema de amor

Una ventana abierta
al Mediterráneo.
Media tarde.

Yates
escorados
en una luz salmón.

Una vela verde
se deshoja
en la distancia.

La brisa salada
delibera
qué hará después.

Y el lujo
de regresar
a la habitación.

**Beauty is a Ticket of Admission
to All Spectacles**

Even those you do not want to enter—
Goya's picador strutting bold as a macaw
in tasselled blue, and the bull on docile knees
in the straw, sinking into slaughter.
Klimt's Judith, her lips softening as if for a kiss,
her arm arcing into the minute
when she unstems the fruit of a man's head.
A swan's neck muscling
like an anaconda up Leda's ruddy thigh
or the plumed pageantry of a Dutch hunt,
hooked corpses of spatchcock and duck
 contorted like gymnasts in a Delft kitchen.
Knobby lemons tumbling over wood,
the sun a filigree on all that feather.
These things are easy to enter. I remember
my father shooting a crow one Easter,
the muzzle of his air rifle
against the paling fence like a stick of black slate.
How the crow's breast gleamed
as he wrapped it in a sheet of newsprint,
the tyranny of its open eye,
as wild and dark as anything.

La belleza es una entrada
para todos los espectáculos

Incluso para aquéllos a los que no quieres entrar...
El picador de Goya pavoneándose, atrevido como un guacamayo,
borlado de azul, y el toro flaqueando, de rodillas
sobre la paja, temblando ante el sacrificio.
La Judith de Klimt, sus labios blandos, abiertos para el beso,
El brazo arqueado en el instante
de arrancar el fruto de la cabeza de un hombre.
El cuello de un cisne estrujando
como una anaconda envuelta en el muslo rubicundo de Leda
o la pompa plúmea de una cacería holandesa,
cadáveres de patos y de pollos colgando en ganchos,
contorsionados como gimnastas en una cocina de Delft.
Limones protuberantes tendidos sobre madera,
el sol, una filigrana entre tanta pluma.
En estas cosas es fácil entrar. Me acuerdo
de mi padre, una Pascua, disparándole a un cuervo,
la boca de su rifle de aire comprimido
contra la verja como un palo de pizarra negra.
Cómo brillaba el pecho del cuervo
mientras lo envolvía con hojas de diario,
la tiranía de su ojo abierto,
salvaje y oscuro como la nada.

In the Mauerpark

No sadness, my friend, no sadness.
Under the lindens, in the time of starlings,
the pinwheel on your balcony spins
like a summer dress, so fast, so fast,
the women you knew sleep like stone,
old metals burn under centuries of grass.
No time for sadness, no time.
Turkish boys play soccer in the Hermannplatz,
a public clock ticks where we stand,
the passing subway shakes the ground.
It is summer, no sadness, we are free,
your parents will live, and call you in,
your broken glasses will return to you.
Our hands will touch in another time.
The starlings are dark in darker leaves,
a terrible fluency, *Liebe*, *Liebe*.
At the Reichstag tourists weep in their coffees
and a graffitied *why* on a city wall
drifts like an airship, to where, to where—

En el Mauerpark

No estés triste, amigo mío, no estés triste.
Bajo los tilos, en el tiempo de los estorninos,
el molinete gira en tu balcón
como un vestido de verano, veloz, veloz,
y las mujeres que conociste duermen como piedra,
arden viejos metales bajo siglos de hierba.
No hay tiempo para estar triste, no.
Chicos turcos juegan al fútbol en la Hermannplatz,
un reloj público suena a nuestro lado,
el metro agita la tierra.
Es verano, no estés triste, somos libres,
tus padres vivirán, te llamarán,
recuperarás tus gafas rotas.
Nuestras manos volverán a tocarse.
Los estorninos oscurecen entre hojas oscuras,
una fluidez terrible, *Liebe, Liebe*.
En el Reichstag los turistas lloran en sus cafés
y un *por qué* pintado en un muro de la ciudad
vuela a la deriva como un zepelín, adónde, adónde...

Primavera: The Graces

We know when the wind bends down
to tangle the raw silk and the oranges
thicken their perfume that our natures
are dark after all. No time for angels now.
It is spring. Death is in the trees,
in the petals shining underfoot like glass.
Let the dance quicken in the blood,
let it shake the speared buds down
like hail, let it hollow the minds of men
and bring them to us, howling like dogs.
See, we move through the black wood
like gods through time, turning and turning
as if it is all reversible: the light sieving
through the branches, wet grass
arching up to our touch, the pale seeds
and their red and white unpeeling.
The end is in the beginning, it is our song.
The men will come, rough mouths agape
at the crabbing of light and shadow
at our feet—we have no stake in it.
Our art is too long; the circle
will not break. Only the birds hurtling
like flung stones know the truth:
it is in the tiny fandango
of their pulse, in the leaves scratching
them through the air, in their descent
which is short and unspectacular
and spills out of them like wine.
Fear it: your lives are short too.

Primavera: las Gracias

Sabemos, cuando el viento se agacha
y se enreda entre la seda salvaje y las naranjas
espesan su aroma, que nuestra naturaleza
es oscura, al fin y al cabo. No es tiempo de ángeles.
Es primavera. La muerte está en los árboles,
bajo los pétalos brilla como un vidrio.
Que se apresure el baile en la sangre,
que remueva los brotes caídos
como granizo, que vacíe la mente de los hombres
y nos las traiga, aullando como perros.
Ves, nos movemos entre la espesura del bosque
como dioses en el tiempo, girando y girando
como si todo fuera reversible: la luz se cuela
entre las ramas, la hierba
se aboveda a nuestro paso, las pálidas semillas
y su cáscara blanca y roja.
En el principio está el fin, es nuestra canción.
Los hombres vendrán, a nuestros pies,
bocas ásperas y abiertas en un hormigueo
de luz y sombras... y no nos interesan.
Nuestro arte es demasiado vasto; el círculo
no se romperá. Solo los pájaros que se arrojan
como piedras rabiosas saben la verdad:
está en el diminuto fandango
de su pulso, en las hojas arañando
el aire, en su descenso
corto y banal
como vino derramándose.
Temed: vuestras vidas también son cortas.

Poem for My Father at Sanssouci

Vineyards tumble downhill, nobody knows where.
The rain comes and goes, it is impossible to rely on.
Quiet garden paths of snapdragon and hedge
lead to a weeping tree; its branches sweep the ground.
An eagle's stone eye stares over the water
and the slow herd of clouds turns north to Berlin.
Life is not yet over. The red rococo silk
still curls with fleurs-de-lis, putti cling
to the ceiling and don't remember why.
A terrible purity moves in the high leaves.
It's worse that way, to live for centuries.
Better to wipe the long rooms of childhood clean,
grey hours in Harrogate, buried bottles of whisky.
One by one they fly out like sandwich papers
into the blue sky, the grey sky, small suicides.
No one will lead you, no one will follow
when you migrate to darker eaves.
I have seen the swallows foraging there
for winter material in the meagre fibres.
They gather twigs and drop their feathers.
That is their sadness, they ask for nothing.
Death will find them in the high towers
where they wait in makeshift nests:
the wind will seal their eyes together
so they forget even the light, and shut it out.

Poema para mi padre en Sanssouci

Los viñedos bajan en pendiente, nadie sabe adónde.
La lluvia va y viene, imposible confiar en ella.
Tranquilos senderos de jardín con dragoncillos y setos
conducen a un sauce llorón: sus ramas barren el suelo.
Una piedra agujereada observa por encima del agua
y el lento rebaño de nubes vira hacia el norte y Berlín.
La vida aún no ha terminado. La seda roja rococó
aún se riza, con flores de lis, los cupidos se aferran
al techo y no recuerdan por qué.
Una terrible pureza se mueve allá en las hojas altas.
Es peor así, vivir durante siglos.
Mejor limpiar las largas salas de la infancia,
horas grises en Harrogate, botellas de whisky enterradas.
Una a una salen volando como envoltorios de sándwiches,
hacia el cielo azul, el cielo gris, pequeños suicidios.
Nadie te guiará, nadie te seguirá
cuando migres a aleros oscuros.
He visto golondrinas picoteando allí,
en las fibras exiguas, algo para el invierno.
Reúnen ramitas y las mezclan con sus plumas.
Ésa es su tristeza, no preguntan nada.
La muerte las encontrará en las altas torres
donde esperan en nidos improvisados:
el viento sellará sus ojos, juntos,
y así olvidarán hasta la luz, que se apagará.

The Quattrocento as a Waltz

So long to the madonnas stiff as hairpins
and their blue capes like bells,
to the angels with Grecian cheekbones
and fishscale wings,
so long to our downturned faces
and halos bricking our heads with gold.
The inquisition of the light is over.
It was false, the teeth of an old woman in a jar.
It was unsteady, pouring in from everywhere.
It ruled our canvases like a sad autocrat
with its endless directives and its long, long gaze.
Here's a baby: he's an apparition.
Here's a god: he's a shank of meat.
Too celestial, too cruel.
Let the darkness shake out its bolt of silk.
Let it roam over us like a blind tongue.
Let it bury its razorblades in the citrons
and its hooks in the wild pheasants.
Open the window: outside is Italy.
A fat woman is arguing over artichokes,
someone is dying in a muddy corner,
there's a violin groaning in the street.

El *quattrocento* como un vals

Adiós a las madonas tiesas como horquillas
y a sus capas azules como campanas,
a los ángeles de pómulos griegos
y alas de escamas,
adiós a nuestras caras caídas
y a los halos que tapiaban nuestra cabeza con oro.
La inquisición de la luz ha terminado.
Era falsa, la dentadura de una anciana en un vaso.
Era cambiante, se escurría por todas partes.
Reinaba sobre nuestras telas como un triste déspota
con sus directrices interminables y su larga, larga mirada.
Aquí hay un niño: es una aparición.
Aquí hay un dios: es un trozo de carne.
Demasiado celestial, demasiado cruel.
Que la oscuridad sacuda sus larvas de seda.
Que deambule sobre nosotros como una lengua ciega.
Escondamos sus cuchillas en los pomelos
y sus ganchos en los faisanes.
Abre la ventana: afuera está Italia.
Una mujer gorda discute por unas alcachofas,
alguien muere en una esquina enlodada,
un violín gime en la calle.

Interbellum
after Edward Hopper's Summer Evening *(1947)*

Late April: forsythia
      grafts to green wood,
napalms into blossom—

simple yellow in the yard, earnest,
      pliant as youth.
Inside, buttered rooms

are cooling. There is no
      reason to leave
this crate of light,

no new world to step into—
      the difficult prairie
grass is blacked out,

the windows tarred:
      nothing is not hidden,
night limes everything.

Listen: each minute subtracts
      a cricket's voice
from the wind

then another enters, flares
      like a cigarette
to take its place—you could not

Interbellum
Inspirado en *Summer Evening* (1947) de Edward Hopper

Finales de abril: la forsitia[12]
    se injerta en el bosque verde,
una explosión de flores

–un amarillo simple en el patio, sincero,
    dócil como la juventud–.
Dentro, en las habitaciones de mantequilla

refresca. No hace falta
    abandonar
este cajón de luz,

no hay mundo nuevo que pisar
    –la difícil hierba
de la pradera oscurece,

la ventana, alquitranada:
    no se esconde nada,
la noche lo encala todo–.

Escucha: cada minuto sustrae
    una voz de grillo
del viento

y luego entra otro, resplandece
    como un pitillo
para tomar su lugar –no

---

12   La forsitia es un arbusto mediano de flores amarillas también llamado campanita china, típico del este asiático (N. del T.).

call it song, this unison,
        it is without end,
it circles the way

cotton moths dogfight
        to the death, to claim
their ration of light.

se le puede llamar canción,
        este unísono sin fin
envuelve la batalla a muerte

de las polillas,
        que claman
su ración de luz–.

Rain, Ravello

In a small yellow room above Amalfi
I am learning blindness from the rain
which redrafts itself sheet after sheet
and is finally like and unlike nothing but other rain.
Rain slanting in a slow cramped hand, rain failing
or falling emphatically, rain in quick chromatics,
rain in light-fingered counterpoint to the murderous spring.
Everything that can be lost is lost.
Somewhere in the lemon trees, a mourning dove
sings privately. Art is not enough, not nearly
enough, in a world not magnified by love.

Lluvia, Ravello

En una pequeña habitación amarilla sobre Amalfi
aprendo ceguera de la lluvia
que se rescribe capa tras capa
y que, al fin y al cabo, se parece y no se parece
a nada más... otra lluvia.
Lluvia oblicua cual mano apretada, lluvia
fallando o cayendo enfáticamente,
lluvia en rápida combinación de colores,
lluvia de dedos largos en contrapunto
a la primavera homicida.
Todo lo que podía perderse se ha perdido.
En algún lugar entre los limoneros, una paloma
matinal canta, sola. El arte no es suficiente,
ni tan solo casi suficiente,
en un mundo no magnificado por el amor.

Embouchure

Funnel and funeral lily,
my father's trumpet
nestles in blue velvet,

an oiled ear
of steamwhistle metal.
Sunflower-brassy,

it arranges its cornucopia of air
in still-life pall:
a horn of plenty utterly empty,

mute and boldly bald.
The mouthpiece gropes
in perpetual O—

no breath to moo out
a yellow lone post
or blast a rattatat retort

like knuckles on doorknob.
Embouchure, the word is—
you hold the neck

with a death-grip and force
lips in hard kiss against it.
Tulip-tall, my father used to pace

Embouchure

Embudo y lirios funerales,
la trompeta de mi padre
yace en terciopelo azul,

oreja lubricada,
silbido metálico de vapor.
Girasol estridente,

ensaya su cornucopia airosa
sobre el bodegón mortuorio:
un cuerno lleno de nada,

callado, valiente y calvo.
Acaricia la boquilla
en O perpetua...

Ni mugido ni alivio
un solitario poste amarillo
y una réplica de ra-ta-tás estalla,

golpecitos en un pomo.
Embouchure, es la palabra...
Sujetas el cuello

en un apretón mortal y fuerzas
los labios contra ella.
Un tulipán, mi padre solía pasearse

our hall's slate
playing boiled Brubeck jazz,
penny-bright as a showgirl's tassel.

Now he cannot raise
the breath and instead
bends underwater

vowels from it—whales calving—
then strands the golden knot
in the instrument case.

He will not hold his face still enough;
he will not hold his face.

por el salón de pizarra
tocando viejos temas de Brubeck,
reluciente como la borla de una corista.

Ahora no puede aguantar
el aliento y, en vez de esto,
extrae vocales

submarinas –partos de ballena–
y luego ata un nudo dorado
al estuche del instrumento.

Ya no podrá sostener su cara nunca más;
ya no podrá sostener su cara.

Aubade

for Bronwyn Lea

White light over Rome today—
gulls drift mindlessly towards the Vatican,
their wings watery blue as the cirrus.

Today I want to watch and not to be,
to let all this shift as thought
shifts, as the gulls' grey feathers sift

in slants and dream diagonals, as the eye
enters the windowpane and finds
the poplars alert like dark hares' ears

in blocks of citrine terrace,
the flat wintry street, and beyond that
only the weak film of morning,

lobotomised calm, delicate
and thin as rain, born of nothing
but the pale itinerant air

from which everything begs
and which itself asks nothing.

Alba

para Bronwyn Lea

Luz blanca sobre Roma hoy...
Las gaviotas vuelan sin rumbo, mecánicas,
hacia el Vaticano,
sus alas azul acuoso como cirros.

Hoy quiero mirar y no ser,
dejar que pase todo como pasa
el pensamiento, como se filtran las grises plumas
de las gaviotas

en pendientes y sueños diagonales,
como entra el ojo en el cristal de la ventana
y ve los chopos vigilantes como oscuras
orejas de liebre

en bloques de cuarzo adosados,
la calle fría y lisa, y más allá,
la débil película de la mañana,

calma lobotomizada, suave
y fina como lluvia, nacida
solamente del aire pálido, errante

al que toda cosa implora
y nada pregunta.

Against Ingres

> And the women?
> —Théophile Gautier, *Constantinople*

She is looking over her shoulder still,
her back patient as polished maple,
a line the colour of buttered toast
unfurling down her spine in an arabesque
to her tailbone and buttocks,
which are long and slumberous as a mare's.
Nobody knows how she moves
the mysterious knot
of her body, her shoulders hunched
like a cormorant's, the taut triangle of black
tucked in her elbow's crook
and her one weakling foot that drifts
boneless. Cold blue silk on the skin,
a shadow curling under her right breast.
Her masters are long dead. The women
she oiled faithfully every morning
are distant as the cries of a peacock
in the sultan's garden. Even fat, lazy Nilüfer
who scratched graffiti into the walls
and swore as she brought in the figs
is centuries away, talking sulkily
to an overseer with a thin white beard.
Here there is nothing—this room,
this bed, the crumpled linen pinkish
as if it has absorbed the colour of her flesh,
the gold fly-whisk and her gaze
which is disinterested as salt

Contra Ingres

> ¿Y las mujeres?
> Théophile Gautier, *Constantinopla*

Aún observa por encima de su hombro,
su espalda paciente como arce pulido,
una línea del color de las tostadas con mantequilla
se despliega en arabesco por la columna
hasta el cóccix y las nalgas,
largas y soñolientas como las de una yegua.
Nadie sabe cómo mueve
el misterioso nudo
de su cuerpo, sus hombros encorvados
como un cormorán, el tenso triángulo negro
plegado en la curva de su codo
y el pie enclenque colgando, deshuesado.
Seda azul claro en la piel, una sombra
rizándose bajo el seno derecho.
Sus maestros hace tiempo que murieron.
Las mujeres a las que, fielmente, masajeaba con aceite
cada mañana están lejos como el canto de un pavo real
en el jardín del sultán. Incluso la gorda, perezosa Nilüfer
que labraba grafitis en las paredes
y blasfemaba mientras traía los higos
hace siglos que ya no está, hablando de mala gana
a un supervisor de barba fina y blanca.
Ya no queda nada... esta sala,
esta cama, las sábanas rosáceas y arrugadas
como si hubieran absorbido el color de su carne,
el espantamoscas dorado y su mirada,
ecuánime como la sal

and could be saying anything—
I'm tired, I'm cold, I'm hungry.
Ingres, it's late, it's raining, the servants
and girls are dreaming in bed
of knives and birds that cry like wolves
and by now even you must know
what it means when a woman turns
her back on you.

y que podría estar diciendo cualquier cosa...
Estoy cansada, tengo frío, tengo hambre.
Ingres, es tarde, está lloviendo, los sirvientes
y las muchachas sueñan en la cama
con cuchillos y pájaros que aúllan como lobos
y a estas alturas incluso tú debes saber
lo que significa cuando una mujer
te da la espalda.

Liebesträume

After he leaves, she sits at the piano
and thinks that even if this is the way the thing ends
she should have still played him the Liszt,
and she studies her hands. Held like this
they could almost belong in a Vermeer,
each finger a fact in the clear Delft light:
the small room rinsed with shadow,
red apples by the window, and everything
dazzled by what does not appear.

Liebesträume

Cuando él se va, ella se sienta en el piano
y piensa que, si así debían terminar las cosas,
al menos tenía que haberle tocado algo de Liszt,
y examina sus manos. De esta forma, detenidas,
casi podrían pertenecer a un Vermeer,
cada dedo un acontecimiento a la clara luz de Delft:
la pequeña habitación teñida de sombra,
manzanas rojas en la ventana, y todo
iluminado por lo que no aparece.

Umbrian Sketch
Orvieto

As the afternoon stretches out
the duomo's too-tall black and white spire
drags like a needle in the clouds,
flocking children chase their shadows
to the cliff's edge, crying like gulls,
and the pale madonna in her golden chair
austerely contemplates the façade of days:
the colossal, classical pain.

Boceto umbriano
Orvieto

Mientras la tarde se alarga
el chapitel negro y blanco del duomo, demasiado alto,
se arrastra como una aguja entre las nubes,
bandadas de niños persiguen sus sombras
hasta el borde del precipicio, gritando como gaviotas,
y la pálida madona, en su silla dorada,
contempla austera la fachada de los días:
el dolor clásico, colosal.

Reclining Nude
after Lucian Freud's Benefits Supervisor Sleeping *(1995)*

So we reach the end of our argument with beauty—
the pink nude sails like a conch out of her girlhood,
exiled from its whorled walls and tiger shell,
a refugee in her soft new body.
It happens swiftly, while she sleeps—one day she is monstrous.
She loafs like a cloud that has drifted indoors
and no longer knows what to do with itself.
In his studio, drop cloths slather the windows like lard,
apricot roses fray, olive upholstery fattens
into the great abstraction of her body—
flesh squidged over the couch in a thick salve,
hillocks trowelled with creamy putty.
She has outlived sex. As she poses she dreams
of long walks down Job Centre's fluorescent halls,
the monotony of standing-room queues. Her eyes roll in sleep
the way a bar of light rolls under photocopier glass,
smooth as charity. The artist tells her to crawl, spread
her legs, grind her arse like a pig.
In the scrunched paint rag of her face
there is a crease, as if to say here intelligence lives,
here the rational, the sceptical, but also
something that rebels, says *you are rump, hog, beast.*
He swaddles her hips and boulderstone breasts, grouts
her moon-drum stomach in blue oil,
winnows a hog's hair brush down her caesarean scar.
She has kernelled another body in her body there,
perhaps one of his, it doesn't matter, he can't
remember if he has had her, the point is
she understands largesse, he can see from the way

Desnudo reclinado
Inspirado en *Benefits Supervisor Sleeping* (1995) de Lucian Freud

Así que llegamos al final de nuestra discusión sobre la belleza...
La desnuda zarpa rosa de su infancia como una caracola,
exiliada de sus paredes-espiral y su cáscara feroz,
una refugiada en su nuevo cuerpo suave.
Pasa rápidamente, mientras duerme... un día es monstruosa.
Haraganea como una nube que ha entrado
en una casa y ya no sabe qué hacer con ella misma.
En su estudio, las ventanas están untadas de tejidos, como grasa,
se deshacen las rosas albaricoque, la tapicería de olivas engorda
en la enorme abstracción de su cuerpo...
Carne blanducha sobre el sofá en abundante quietud,
lomas rellenas de cremosa macilla.
Ha sobrevivido al sexo. Sueña, mientras posa
con largas caminatas bajando los vestíbulos fluorescentes
del Centro de Trabajo,
con las colas monótonas de la sala de espera. Sus ojos ruedan,
dormidos, como la barra de luz de una fotocopiadora,
suaves como la bondad. El artista le dice que gatee, que abra
las piernas, que afile el culo como un cerdo.
En el estrujado trapo de pintura de su cara
hay una arruga, como indicando el lugar de la inteligencia,
de la racionalidad, del escepticismo, pero también
de la rebelión, diciendo *eres nalga, cerda, bestia*.
Él envuelve sus caderas y sus senos rocosos, enlecha
la luna cilíndrica de su estómago en óleo azul,
esparce su brocha de pelo de cerdo sobre la cicatriz
de la cesárea.
Ha hecho brotar otro cuerpo en este, ella,
quizás otro cuerpo del pintor, no importa,

she dangles the hock of her arm casually
as he paints between her legs—
there is nothing to which she will not submit
like a nihilist Cimabue madonna
who lifts the son of god on one hip
but shrugs her other shoulder
as if to dismiss the weight of her gift.

él ya no se acuerda si jamás la tuvo, la cuestión es
que ella comprende la generosidad, él lo ve en el modo
en que desliza el arco de su brazo, desinteresadamente,
mientras pinta entre sus piernas...
No hay nada a lo que ella no se sometería
como una de las madonas nihilistas de Cimabue
que eleva el hijo de dios en un anca
y baja el hombro contrario
como rehusando el peso del don.

Goya's Dog
after Francisco José de Goya y Lucientes's The Dog *(1820-23)*

Who among us saw the dog that day,
who could have said
whether it was holding its head
above the surface
or going under?

El perro de Goya
Inspirado en *El perro* (1820-1823) de Francisco José de Goya y Lucientes

Quién de entre nosotros vio el perro aquel día,
quién supo discernir
dónde sostenía la cabeza:
¿sobre la superficie,
o se hundía?

**The Flowers on His Bedside Speak
of Eternity**

And are swiftly cleared by an axe-faced nurse:
peonies, soft pink explosions in the bin.

Petals rondelle from a single stem. When speaking
of ash, we say *sift*. Time, you used to be

such a stable thing, but you clip-clop,
you hobble in this dim white ward. His face

slackens, turns. Yet it is I who wobbles,
who will topple first. The peony's root

is cut before its pompom flowering,
the neck slipped so quick in water

the head cannot detect the break.
Like easing into bathwater, his death.

I will go first, when he forgets. But who
will stay sitting beside his bed, and whose

face does she wear, the one who looks
so like someone's daughter, or the woman

who used to bring—what was it?—milk,
or the marzipan in? He is calm. It is not

Las flores en el cabecero hablan
de la eternidad

Y una enfermera las cambia rápidamente
con cara de hacha:
peonías, suaves explosiones rosas en el cubo de la basura.

Anillo de pétalos de un solo tallo. Cuando hablamos
de ceniza, decimos *cribar*. Tiempo, solías ser

algo tan estable, pero repicas,
renqueas en esta sombría sala blanca. Su cara

flaquea, gira. Aunque soy yo quien se tambalea,
la que caerá primero. La raíz de la peonía

se corta antes de que el pompón florezca,
y el cuello, dispuesto tan rápido en el agua

que la cabeza apenas siente el corte.
Como una parada en un remanso, su muerte.

Yo caeré primero, cuando él se olvide. Pero
¿quién lo acompañará junto a la cama,

y qué cara tendrá, se parecerá a su hija
o a la mujer que solía traerle

–¿qué era?– ¿leche o mazapán?
Está tranquilo. No es

material. Listen, I tell you: it is lonely
to scrape eyeless among the stars,

eyeless and faceless. Oblivion creeps in on a tray.
He never liked flowers. Take them away.

material. Escucha, sí: es solitario
escarbar ciego entre las estrellas,

ciego y sin rostro. El olvido se desliza en una bandeja.
A él nunca le gustaron las flores. Llevároslas.

No End to Images

No end to tissues of tears beside the bed
or to avenues of trees and cathedrals,
no end to bee-eaters in the rose apples
or summer on the balcony in Neukölln,
no end to the pharmaceutical clouds over Kraków.
No end to the hour I stood and shook
like a leaf in the shower's privacy,
no end to my name, snagged like a burr,
no end to the body which is colossally small
with its pains and plainer longings.
No end to grief, never any end to that.
No end to the silver train stalled in Budapest
where I wept in the empty sleeper,
no end to iron shoes along the Danube,
to history, the convalescent light
that falls on my desk so evenly,
no end to the gardens of Europe
with their murderous symmetry,
no end to picnics on the forest's edge
or piazzas of pure Carrara marble,
to cruelty, madness, oblivion,
massacres and women's scarves,
the hunger of wolves, ripening stonefruit,
no end to fear and secret police,
and no end to Bach fugues on the turntable
whose ideas resolve so cleanly
into a life infinitely more gentle and orderly
than our fraught morning fights
or the cries we send echoing at night
down the hollow halls of love.

No terminan las imágenes

No terminan las mareas de lágrimas junto a la cama
o las avenidas de árboles y catedrales,
no terminan los abejarucos en los manzanos
o los veranos en los balcones de Neukölln,
ni las nubes farmacéuticas sobre Cracovia.
No termina la hora que pasé de pie, temblando
como una hoja en la intimidad de la ducha,
no termina mi nombre, difícil como un erizo,
no termina el cuerpo, monumentalmente pequeño,
con sus dolores y sus sencillas nostalgias.
No termina la pena, nunca.
No termina el tren plateado varado en Budapest
donde lloré en el compartimento vacío,
no terminan los zapatos de hierro a lo largo del Danubio,
la historia, la luz convaleciente
que cae en mi escritorio tan uniformemente,
no terminan los jardines de Europa
con su simetría homicida,
no terminan los pícnics en las lindes del bosque
ni las *piazzas* de puro mármol de Carrara,
ni la crueldad, la locura ni el olvido,
ni las masacres o las bufandas de mujeres,
ni el hambre de los lobos, ni los melocotones maduros,
ni termina el miedo ni la policía secreta,
y no terminan las fugas de Bach en el tocadiscos
cuyas ideas se resuelven tan limpiamente
en una vida infinitamente más dulce y meticulosa
que nuestras tensas batallas matutinas
o los gritos que lanzamos por la noche
y que retumban en las vacías salas del amor.

IV

IV

Insurgency

How perfect the past is.
Everything happens there once.
Snow geese hunker
on the frozen lake.
Cotton moths tremble
in the dark.
Wild watermelons swarm
with seeds.
And the errors
we have made
we have made completely.
Like the fire-blue
pit of glacial ice
called terminal moraine,
things assume the hardest shape.
 But still, this insurgency.
The door unanswered.
The stone unthrown.
The captive
on the other side
who waits and waits.

Insurgencia

Qué perfecto es el pasado.
Allí todo ocurre una vez.
Los gansos blancos se zambullen
en el lago helado.
Las polillas tiemblan
en la oscuridad.
Enjambres de sandías salvajes
con pepitas.
Y los errores
que hemos cometido
que hemos cometido completamente.
Como el foso fuego-azul
de hielo glacial
llamado morrena terminal,
las cosas asumen su aspecto más duro.
Pero aun así, esta insurgencia.
La puerta sin abrir.
La piedra sin arrojar.
La cautiva
en la otra orilla
que espera y espera.

Night Sonnet

Speak softly now: the neighbours are sleeping.
Cars drowse under the window quiet as mousetraps,
smoke winds up silently from an ashtray
like the plumes of a deep-sea squid,
a grit of light trembles on our white bedsheets.
Who are you beside me, irresolute
as a flag in the wind, your face gliding
into wolfish dreams, your breath dragging
like a styrofoam cup in the street?
I like watching you like this, running
bodiless through the alleys of a foreign city,
hunted by the sound of a stranger's coat.
The stone tilts—spears of blue shadow.
The stairs are steep, there is nowhere to go.

Soneto nocturno

Habla bajito, ahora: los vecinos duermen.
Los coches dormitan bajo la ventana como ratoneras,
el humo sube silencioso de un cenicero
como los brazos submarinos de un calamar,
una mota de luz tiembla en nuestras blancas sábanas.
¿Quién eres, junto a mí, irresoluto
como una bandera al viento, tu rostro deslizándose
en sueños voraces, tu respiración extraviada por la calle
como un vaso de plástico?
Me gusta contemplarte así, corriendo sin cuerpo
por los callejones de una ciudad extranjera,
perseguido por el ruido de un abrigo ajeno.
La piedra se inclina… arpones de sombra azul.
Las escaleras son empinadas, no hay sitio adonde ir.

Impressions of April

Yes, that was when. Your unforgivable visit.
Like a film set, my fifth-floor apartment.
A skylight, a sketch, a square of dull sun.
You sent tulips. They stood tall in a jar.
A call to somewhere far away, very far:
Australia. Apologies in the dogwood
and the days arranged like other flowers,
white starbursts bent on stalks.
It's futile to make much more
of mothers on the Hudson's bank,
overwrought fire escapes, neighbourhood teens
folding in that shabby laundromat.
I unpacked. Scarlatti was the only news.
Waterlilies swam blue at the Met. I went
but only for the Pacific canoes.

Impresiones de abril

Sí, fue por aquel entonces. Tu visita imperdonable.
Como en un set de rodaje, mi piso de la quinta planta.
Un tragaluz, un esbozo, un cuadrado de sol mate.
Enviaste tulipanes. Se erguían rectos en un jarro.
Una llamada a algún sitio lejano, muy lejano:
Australia. Disculpas entre cornejos
y los días ordenados como otras flores,
explosiones de estrellas blancas en los tallos.
Es inútil seguir pensando
en aquellas madres de la orilla del Hudson,
nerviosas escaleras de incendios, adolescentes
del vecindario abrazándose en aquella lavandería harapienta.
Deshice la maleta. Scarlatti era la única noticia.
Nenúfares azules en el Met. Fui
pero sólo por las canoas del Pacífico.

Morningside Spring

California oranges and painted plates,
the paperback psychology of days
dog-eared with dependencies:

the telephone wintered in its nest,
purple crocuses in violent waves,
the air-raid howl of the trees.

Across the street, a new tenancy
in the bricked-off estate:
two kids unloading their lives from a van.

They stand in the drab
brown beds of the communal garden,
him smoking, her nursing a glass,

too exhausted to be angry,
though her face is small and set
and in the blunt slump of his shoulder

against the fence there is the force
of a branch that could break, a weight
nearly not borne, though the bud

clings greening on its cold perch,
each hour more pointless than the next,
the minor horror of a blue mattress

on sidewalk display, the trophies boxed
and taped, the resentment shared,
the closed parenthesis of the gate.

Primavera en Morningside

Naranjas de California y platos pintados,
el manual de psicología cotidiano
manoseado por las adicciones:

el teléfono invernando en su nido,
flores de azafrán en torbellino,
el aullido aéreo de los árboles.

Al otro lado de la calle, inquilinos nuevos
en la finca tapiada:
dos chicos descargando sus vidas de una furgoneta.

De pie sobre el parterre marrón y apagado
del jardín comunitario,
él fumando, ella sosteniendo un vaso,

demasiado cansada para estar enojada,
aunque su cara es pequeña y seca
y en la caída roma de su hombro

contra la verja está la fuerza
de una rama que podría romperse, un peso
casi invisible, aunque el capullo

reverdece, se aferra a su lugar,
a cada hora más inútil,
el horror menor de un colchón azul

tirado en la acera, los trofeos en cajas,
precintados, el resentimiento compartido,
el paréntesis cerrado de la puerta.

Mercado

Just you and me on the balcony,
eating papaya with plantains and coffee
and bread rolls and tea
and boiled eggs and coffee
in these wrought heart-backed chairs,
looking down on the market square
at the watermeloned stalls, all pink and green
and the fountain's clam-shell scalloping
where boys lob rocks in shallow yellow
and wade in the water deep, deep.
It's a simple affair:
no need to complicate things.
Just talk to me of Pergolesi and the Italians
and the way the Roman summer is—
I know the way the summer is—
then take me to the plaza for a drink
where a flurry of fabric flowers
more peacocked and flocked
than a hat of Carmen Miranda's
winds up a pole to the Latin flag,
and beyond that white kite sticks
like crosses are stamped in the distance.

Mercado

Solos tú y yo en el balcón,
comiendo papaya con plátanos y café
y panecillos y té
y huevos duros y café
en aquellas sillas de hierro forjado
en forma de corazón,
mirando la plaza del mercado,
los puestos de sandías, rosas y verdes,
y las fuentes de almejas escalonadas
donde los niños lanzaban piedras
a la superficie amarilla
y vadeaban el agua, profunda, profunda.
Es una cuestión simple:
no hace falta complicar las cosas.
Sólo háblame de Pergolesi y los italianos
y del verano romano
–ya sé cómo es el verano–
entonces llévame a la plaza a tomar algo
donde un frenesí de flores de tela,
más ostentosas y suaves
que un sombrero de Carmen Miranda
serpentea, alto, hasta la bandera latina,
y más allá de esa percha de cometas blancas
como cruces, estampadas a lo lejos.

Garden Apartment, Taube

Beautiful Schumann on the speakers, beautiful platonic
Clara Schumann behind the scenes, doyenne,
muse of the late quartets, sleeping perhaps with Brahms,
all that madness and grief. How quickly we are lost
in these petty names—you and I, he and she.
Now we try to find the German word for it
in a tangle of leaves, in his garden apartment
above the Spree. And you, that old you
to whom I used to speak, you will be married,
you will become a stranger to me,
a little sunlight, a little Turkish wine in a glass,
ceramic doves on the sill of your street.
The Algerian. Her killing smile. Will she last?
The impasto of trees annihilates so greenly, so fast.

Apartamento con jardín, Taube

Bello Schumann en los altavoces, bella, platónica
Clara Schumann entre bastidores, decana,
musa de los cuartetos tardíos, quizás acostándose
con Brahms. Aquella locura, aquel dolor. Qué rápidamente
nos perdemos entre nombre baladíes... Tú y yo, él y ella.
Intentamos buscar la palabra alemana que lo designe
en una maraña de hojas, en su apartamento con jardín
sobre el Spree. Y tú, aquel tú del pasado
con el que solía hablar, estarás casado,
serás ya un extraño para mí,
un poco de sol, un poco de vino turco en una copa,
palomas de cerámica en el alféizar de tu calle.
La argelina. Su sonrisa brutal. ¿Durará?
El empaste de los árboles desaparece tan rápido,
tan prematuro.

Via dell'Amore

Nothing will destroy the Ligurian Sea
or that sheltered spot where we sat
by Riomaggiore's corrugated rocks
and ate a loaf and Spanish salami
with some local plonk whose stubborn cork
you knifed on the winter quay
as the rain drove down in acrimony.
Love, love, like a faded song—
I remember rain, the vigilant stare
of a pregnant black cat
whose belly swung with wasted heat.
Was that the end of love?
No money, in no month to swim,
we stayed until failure hit the rock.
The sun did not come back for us.

Via dell'Amore

Nada destruirá el mar de Liguria
o aquel rincón donde nos sentamos a cubierto
en las rocas acanaladas de Riomaggiore
y comimos una hogaza de pan con salami
con un poco de vino peleón del lugar, cuyo corcho
tenaz cortaste en el muelle invernal
mientras la lluvia caía con acritud.
Amor, amor, como una canción olvidada...
Me acuerdo de la lluvia, de la mirada vigilante
de una gata negra, preñada,
cuyo vientre se balanceaba sin calor.
¿Fue aquéllo el fin del amor?
Sin dinero, en el mes equivocado para nadar,
permanecimos allí hasta que el fracaso golpeó las rocas.
El sol no volvió a salir para nosotros.

The Atlantic

Bombed on Old Fashioneds at three, at four,
you snore beside me like a bull
cocooned in puritanical grey flannel.
I twitch out the early hours to the methodical clip
of your heirloom watch,
my face buckled to your wrist,
a flaw in Burberry glass.
Beside the bed, your peacoat and pocket square
slump, limp as evidence:
we will wound each other yet.
Old friend, you were right when you said
this can't go on. Still, I find your all-American jaw
in the dark and thumb its edge. It drags
against my palm like a panther's tongue,
no balm for the blade. The weekday
shaving lotion you slather
skulks behind the bathroom mirror,
creamy as money. My mind strands
on the rocks of your cropped New England vowels,
your cock-of-the-walk brag about the brood
you plan to raise, the faint praise
you gave when you said I was a perfect cocktail date:
the kind of girl smart enough to just let *talk*.
Now you lord it in a blue-blood job
that will make you a millionaire by forty ...
If only I could wait. Yesterday's *Times* said
more body parts washed in at Oak Beach:
Long Island Sound's serial killer

El Atlántico

Borracho de *old fashioneds* a las tres, a las cuatro,
roncabas a mi lado como un toro
arropado entre franela gris y puritana.
Estremecida, las primeras horas, por el ritmo metódico
de tu reloj familiar,
sentí mi cara ligada a tu muñeca,
una mancha en el cristal Burberry.
Junto a la cama, el tabardo y el pañuelo de bolsillo
tirados, renqueantes como una evidencia:
aún estamos atados.
Viejo amigo, tenías razón cuando decías
que esto no funcionaría. Pero aún veo tu maxilar
americano en la oscuridad, y lo acaricio. Roza
mi palma como la lengua de una pantera,
sin bálsamo. La loción
que usas entre semana
merodea tras el espejo del baño,
cremosa como el dinero. Mi mente se encalla
en las rocas de tus cortas vocales de Nueva Inglaterra,
en tu chulería presumida sobre la prole
que planeas criar, en el suave elogio
que me dedicaste cuando dijiste que yo era
la cita perfecta para un cóctel:
el tipo de chica lo suficientemente lista
para sólo dejarla *hablar*.
Ahora eres el jefe en un trabajo de sangre azul
que te hará millonario a los cuarenta...
Si pudiera esperar tanto. Ayer leí en el *Times*
que encontraron más restos humanos en Oak Beach:
el asesino de Long Island Sound

stalks his hunting grounds while we sleep.
Nobody knows who he is or where he lives
but we are safe here from his atrophied love.
Last week a jogger found a pair of hands
tumbling in the sand, dumb as tongues.
The sweat strangles. I feel your breath at my neck,
roll to the cold side of the bed.
Two hands. Last summer we swam
so far out in the Atlantic we struck a rip
and scissored our legs in the salt
as Montauk went a blue darker than ink.
Now you pinion my shoulder like an anchor
and knead me from deep in your dream.
Something will have us in the end.

acecha su coto de caza mientras dormimos.
Nadie sabe quién es ni dónde vive
pero aquí estamos a salvo de su amor atrofiado.
La semana pasada un tipo que corría
encontró un par de manos revueltas en la arena,
mudas como lenguas.
El sudor estrangula. Siento tu aliento en el cuello,
me muevo hasta la parte fría de la cama.
Dos manos. El verano pasado nadamos
tan adentro en el Atlántico que la sal
nos cortaba la piel de las piernas
mientras Montauk se volvía más oscuro que la tinta.
Ahora te amarras a mi hombro como un ancla
y me aplastas en lo más profundo de tus sueños.
Al final, algo nos alcanzará.

O California

I want to wake in the lagoon of the sky
where sunlight binds the mutilated palm-tree dawn
like duct tape, an aerial shot rolling and rolling
out of town in the muffled trunk of a brown panel van
along the death roads, the desert roads, the hairpin
turns, California, the desert silvering in my eye
like a coyote, I want to swim in the jewel-jade pool
of your lonesome foothill vowels,
stretch out under the mirroring clouds
like a million rooftop deckchairs, feel
that blankness unfurl in my mind like luxury,
California, your beautiful blankness, your sheen.
O, shake me a basil gimlet at Silver Lake
and tell me about your tattoos, *hermana*, how death
is that bad tooth wobbling in my head,
in my head, California, that skyline that breaks
into backdrop hills I know like nostalgia, pink saguaro
and sumac, the ripe berries smashed like bodies,
each ragged cactus cross hoisting up against a silver
desert screen, California, and night that goes on like a drive-in,
palms exploding like napalm, fireworking over everything.
I want to ride the long smooth tan body
of California, I want to eat the bear of the flag
of California, I want to roll like a corpse off the highway
of your chase scenes, I want my perfect teeth
preserved, California, my teeth buried

Oh, California

Quiero despertar en la laguna del cielo
donde la luz del sol venda el alba de palmeras mutiladas
como cinta americana, una foto aérea vibrando y vibrando
hasta las afueras de la ciudad en el maletero de una furgoneta
     marrón
por las carreteras mortales, las carreteras desiertas, las curvas
de la muerte, California, el desierto plateado brillando en mi ojo
como un coyote, quiero bañarme en la piscina de jade
de tus solitarias vocales altiplanas,
estirarme bajo las nubes reflectantes
como un millón de tumbonas en la azotea, sentir
cómo florece, ostentosa, esa oscuridad en la mente,
California, tu bella oscuridad, tu brillo.
Oh, agita un gimlet de albahaca junto a Silver Lake
y cuéntame tus tatuajes, *hermana*, cómo la muerte
es ese diente enfermo temblando sobre mi cabeza,
mi cabeza, California, ese horizonte rompiendo
en colinas lejanas que conozco como la nostalgia, saguaros[13] rosas
y zumaques, las bayas maduras reventadas como cuerpos,
cada cruz de cactus polvoriento levantándose contra la pantalla
plateada del desierto, California, esa noche que avanza
como un autocine, palmeras explotando como napalm,
esparciendo fuegos artificiales sobre todas las cosas.
Quiero conducir sobre el largo y moreno cuerpo
de California, quiero comerme el oso de la bandera
de California, quiero rodar como un cadáver fuera de la autopista
de tus escenas de persecución, quiero preservar
mis dientes perfectos, California, mis dientes enterrados

---

13 Cactus de tallo columnar típicos del desierto de Sonora (noroeste de México y Estados Unidos) (N. del T.).

in the earth like a curse, California, and won't you show me
where the bodies are kept, California,
won't you show me, show me, show me.

en la tierra como una maldición, California, y ¿no me mostrarás
donde guardas los cuerpos, California?
¿No me los mostrarás, mostrarás, mostrarás?

The Invention of Ether

Flayed of colour, February's premature stars
gasp in iron over Boston Common
where the thoroughbred brick houses stand.
In the Public Garden, green flakes
over the pilgrim graves,
and Lowell's old Civil War monument
hurls its jagged shadow like a lance.
Now a dignified pair of hounds
breaks from their handler's leash.
I see them circle in the yellow willows,
gums peeled back in stillborn smiles,
on the hunt. Murderously young …
Down by Frog Pond mud bulges with spawn,
black comets flicker in slime. Life surges on.
And the Japanese redwood whose leaves
rust the ground each fall
still guards the ether memorial,
that turbaned doctor
who blots out the world in marble
as his patient's thighs tremble and sag.
Pain! Like a hammer to the knee
it jerks in and out of focus, always throbbing.
'Can't they see I'm heartbreaking?'—
wasn't it Cal who said that, sobbing?
Remember last year? You flew out East
burbling with an infected chest,
and, agonised, proposed in the park.
I refused, then nursed you back
after your shivering break.
Still, I cling to the sting

La invención del éter

Desolladas de color, las estrellas prematuras de febrero
jadean, metálicas, sobre Boston Common,
donde se levantan elegantes casas de ladrillo.
En el jardín público, copos verdes
sobre las tumbas de los colonos,
y el viejo monumento a la Guerra Civil de Lowell
arroja su sombra escarpada como una lanza.
Ahora, un par de sabuesos circunspectos
rompen la correa de sus adiestradores.
Los veo correr en círculos entre sauces amarillos,
las encías peladas en sonrisas mortinatas,
a la caza. Sanguinariamente jóvenes...
Pasado Frog Pond, un barro rebosante de huevas,
cometas negros parpadean en el limo. Surge la vida.
Y la secuoya japonesa, cuyas hojas
oxidan la tierra cada otoño,
aún vigila el monumento al éter,
aquel doctor con turbante
que rechaza el mundo en mármol
mientras los muslos de sus pacientes tiemblan y flaquean.
¡Dolor! Como un martillazo en la rodilla
te sacude por dentro y por fuera, siempre palpitante.
«¿Qué no ven que se me está rompiendo el corazón?»
–¿No fue Cal el que dijo esto, sollozando?–
¿Te acuerdas, el año pasado? Partiste del este
balbuceando, con el pecho infectado,
y, agonizante, me propusiste matrimonio en el parque.
Te rechacé, y luego volví a cuidarte
cuando rompiste a llorar.
Aún me aferro al ardor

like the slobbering octopus
I failed to rescue
from boyish torturers
on a Sicilian beach:
hopelessly suctioned, unable to release.

como el pulpo babeante
que no pude rescatar
de aquellos niños torturadores
en una playa de Sicilia:
irremediablemente succionado, imposible de soltar.

Last Goodbyes in Havana

Midday cracks like a cool blue cup.
We drink a last rum among the tanned couples
and kiss pre-revolutionary glass to our lips,
smooth and honest and scratchless.
Beneath us, waves smash the Malecón
with a force that could break our lives.
Your eyes are hidden behind your sunglasses.
Your hand shakes. Now and then you turn a page
of *The Dangerous Summer* and sigh
accusingly. We have cheated, certainly. Lied.
Days we have fought float over us effortless
as grease. Soon I will take a night flight to the Pacific
but there are no reasons left to be sorry.
In Manhattan a woman is waiting for you
whom you have taught more than enough
about patience and her possible life.
You tap your knife against your plate
and turn a page. Down the cliff, Cuban boys
are diving off the stonewall into distance.
Their young dark bodies gleam with promise.
They kick down, then rise from the water like seals.

Últimos adioses en La Habana

El mediodía se agrieta como una fría taza azul.
Bebemos un último ron entre parejas bronceadas
y besamos cristal pre-revolucionario,
un beso suave, honesto, impecable.
Abajo, las olas golpean el Malecón
con una fuerza que podría romper nuestras vidas.
Tus ojos se esconden tras las gafas de sol.
Tu mano tiembla. Pasas, de vez en cuando,
una página de *El verano peligroso* y suspiras,
acusador. Nos hemos engañado, es verdad.
Hemos mentido.
Los días de las batallas flotan sobre nosotros
como aceite, sin esfuerzo. Pronto tomaré
un vuelo nocturno hacia el Pacífico,
pero ya no hay nada que lamentar.
En Manhattan te espera una mujer
a quien has enseñado más que suficiente
sobre la paciencia y su posible vida.
Golpeas el cuchillo contra el plato
y pasas página. Abajo, en la distancia,
unos niños cubanos se lanzan del peñasco.
Sus cuerpos jóvenes y oscuros brillan, prometedores.
Se hunden y luego emergen del agua como focas.

Postcard from Another Life

A green pine bench above the giant thresh of the Tasman.
And a herd of dusky Merinos whose fleece
was mottled to the same heather as fieldgrass.
Huge heads of stone making a valley in that place.
How we sat there feeling the unreasonable
heat blowtorch our cheeks. Greek olives,
then the cold white wine. Unwilling to admit
such pleasure could exist. Frightened, too,
by its corollary. So awake from talking all week
and not being done talking. Being the only
ones to make the pink rock, swimming all
the way out in that arctic water. Bleached sun
on quartz, and us wanting to believe this
was our ordained life. But the unimagined
still happens. Later that day the whole valley
was razed by wildfire. We took the highway so far
over the limit it was hard to make the hairpins, ash
massing in front and behind. No surprise he left
and his love with him. Still, when I remember
it ranks with the great pleasures. Late Rossini.
Lemon granita in Taormina, that abiding
sourness on the tongue. A high tide stealing
across the Piazza San Marco, and fattened gulls
lifting from the reflections of café chairs.
Local men have to pull on rubber dungarees
to wade home in the evening there. You could hear
them cursing, but also now and then laughing.
All Troys are sacked sometimes.

Postal desde otra vida

Una línea de pinos sobre el trillador gigante del mar de Tasmania.
Y un rebaño de ovejas negruzcas de lana moteada
como el brezo de los campos.
Grandes cabezas de piedra forman el valle.
Nos sentamos y sentimos aquel inadmisible
soplete de calor en las mejillas. Olivas griegas,
luego el vino blanco, frío. Reticentes a admitir
que tal placer pudiera existir. Asustados, también,
de sus consecuencias. Tan despiertos, tras conversar
toda la semana y no terminar nunca.
Siendo los únicos en alcanzar la roca rosa,
deshaciendo el camino a brazadas en agua ártica.
Sol desteñido en cuarzo, y nosotros intentando creer
que estábamos destinados a esta vida. Pero lo inimaginable
como quiera ocurre. Más tarde, aquel día, el valle fue arrasado
por un incendio. Habíamos tomado la autopista
hasta tan lejos que era difícil avanzar por las curvas,
la ceniza en masa por delante y por detrás.
No me sorprende que se fuera, y su amor con él.
Sea como sea, cuando me acuerdo, forma parte
de los grandes placeres. Rossini tardío.
Granita de limón en Taormina, aquella acidez
duradera en la lengua. La marea alta
afanándose en Piazza San Marco, y gaviotas cebadas
huyendo de las reverberaciones de las sillas de los cafés.
Los locales visten overoles de hule, por la tarde,
para llegar hasta casa. Puedes escucharlos
maldecir y riendo a la vez.
Todas las Troyas son saqueadas alguna vez.

Ensign

Your parcel of French Romantics arrived today—
late cellos and violins, the end of an epoch.
Fact: the mind is outstripped by wood and catgut.
Fauré with a frayed moustache on rue de Madrid,
going deaf, scribbling desperate quartets.
Magnard, burned alive by the Germans in Oise.
We have so little time left. We should love.

Insignia

Tu paquete de románticos franceses ha llegado hoy…
Chelos y violines tardíos, el final de una época.
Hecho: la mente es superada por la madera y el catgut.
Fauré con un bigote raído en la rue de Madrid,
volviéndose sordo, garabateando cuartetos desesperados.
Magnard, quemado vivo por los alemanes en Oise.
Tenemos tan poco tiempo. Deberíamos amar.

The Hazards

How calm, how sudden the strait was that day—
humpbacked rocks sloping down into the sea
like the end of a long argument,
everything now peaceful again, but tiptoeing,
and past the sweep of gravelly beach
huge pink ledges lopped off in the water like bread-ends,
here and there a stump—call them islands—breaching at elbow
    angles,
and the slumbering bergs underneath, snub-nosed as marble.
At our feet, digger birds with shiv faces
cracked limpets solemnly for meat, blacksmithing,
and further out, specks of seabirds fishing the whitecaps,
then that awful calm clear green all the way to the Antarctic.
Everything tasted of the sea, was of the sea.
You thrashed out first, hard, with your varsity calves
towards a far granite cheek,
the tiger's stretch of your body
powerful but ungainly, your torso turning
from side to side like something the ocean was rejecting,
and in a wild kick, a leaping up,
I saw you as a stranger might see you then,
your head straining above the surface
like a diligent retriever's, your eyes fixed ahead
as though the future were an island
you needed to reach without me,
and I knew I would never unlearn love like this, as distance:
your mild Midwestern college cut
dark and unstable on the horizon,
your too-white boxer's shoulders finite and ungiving
as you climbed the scrambling side—

Los peligros

Qué tranquilo, qué súbito parecía el estrecho aquel día...
Rocas chepudas asomando al océano
como el final de una larga discusión,
todo en paz, de nuevo sigiloso,
y pasada la extensión de playa pedregosa
grandes arrecifes rosas cortados como curruscos de pan,
tocones aquí y allá –islas, quizás– emergiendo en ángulos
    muertos
y los icebergs hibernando bajo la superficie, chatos como mármol.
A nuestros pies, pájaros de cara afilada
partían lapas, como herreros, y las comían solemnemente,
y más allá, motas de aves marinas pescaban entre las olas,
y luego aquella calma horrible, verde, despejando el camino
hasta la Antártida.
Todo sabía a mar, todo era del mar.
Fuiste tú quien se enfrentó primero al viento,
duro, con tus pantorrillas de universitario
hacia unas lejanas mejillas de granito,
la elasticidad feroz de tu cuerpo,
poderosa pero torpe, tu torso moviéndose
de un lado a otro como algo que el océano rechazara,
un golpe salvaje, un salto,
y te vi, de repente, con ojos ajenos,
tu cabeza forcejeando en la superficie
como un perro labrador, diligente, tus ojos fijos hacia delante
como si el futuro fuera una isla
a la que debías llegar sin mí,
y supe que nunca volvería a desaprender así el amor,
como distancia:
tu peinado de universitario del medio oeste

you who would live if I died, *you* who were not I—
and I felt the shock, the parry
of my heart's start and stop: my life, my life.

oscuro e inestable en el horizonte,
tus hombros demasiado blancos de boxeador,
finitos y mezquinos
mientras subías la borda, peleando
–*tú* que hubieras vivido si yo hubiera muerto,
tú que no eras yo–
y sentí el choque, el bloqueo de mi corazón
empezar y parar: vida mía, vida mía.

Notas

El libro toma su epígrafe del segundo movimiento de *Ein deutsches Requiem* de Brahms, que a su vez recoge el texto de la Biblia de Lutero, 1 Pedro 1:24: «Porque toda carne es como la hierba, y toda la gloria del hombre como la flor de la hierba: se secó la hierba, y la flor se cayó».

«Medusa»: *medusa* es la palabra italiana para designar la medusa.

«Palafito» fue escrito después de leer la cuarta Boyer Lecture de David Malouf, «Monuments to Time», sobre su experiencia de vivir en una casa típica de Queensland.

Varios poemas de esta colección son ecfrásticos. «Una historia ilustrada del asentamiento» responde a una serie de pinturas que representan el primer contacto colonial en Australia; entre ellas, la principal es *The Landing of Captain Cook at Botany Bay, 1770* (1902) de Emanuel Phillips Fox. «Hammershøi tardío» es una respuesta a *Interior con piano y mujer, Strandgade 30* (1901) de Vilhelm Hammershøi. «Collioure / Poema de amor» es una respuesta a *Ventana abierta, Collioure* (1905) de Henri Matisse. «Primavera: las Gracias» toma como tema las tres gracias del cuadro de Sandro Botticelli comúnmente conocido como *Primavera* o *Alegoría de la Primavera* (1482). «Contra Ingres» es una respuesta a *La gran Odalisca* (1814) de Jean-Auguste-Dominique Ingres.

«La belleza es una entrada para todos los espectáculos» toma su título de un pasaje de los *Diarios y Cuadernos misceláneos* de Ralph Waldo Emerson (5:414): «La belleza es una entrada para todos los espectáculos, para toda hospitalidad».

«La invención del éter» se refiere al Ether Monument del jardín público de Boston Common, que conmemora la invención del uso del éter como anestésico e incluye la siguiente cita: «Para conmemorar que la inhalación de éter causa insensibilidad al dolor». Robert Lowell, conocido por sus amigos como Cal, le dijo una vez a Helen Vendler «¿Por qué no dicen [los críticos] aquello que quiero que digan, que se me está partiendo el corazón?».

«Últimos adioses en La Habana» es una respuesta libre al poema de Raymond Carver «Morning, Thinking of Empire».

Agradecimientos

Algunos poemas de esta colección han aparecido previamente en *The New Yorker, Poetry, Slate, Agenda, Michigan Quarterly Review, The Cincinnati Review, The Massachusetts Review, Antipodes, Stonecutter, Australian Book Review, Australian Poetry Journal, The Weekend Australian,* HEAT, *Cordite Poetry Review, Blast, Canberra Times,* antiTHESIS, *Higher Arc, The Stinging Fly, Ooteoote, La Otra, The Best Australian Poems 2010, 2011, 2012, 2013 y 2014* (Black Inc.), *Thirty Australian Poets* (UQP), *Young Poets: An Australian Anthology* (John Leonard Press), *Australian Love Poetry 2013* (Inkerman & Blunt), *Prime: An Artist's Folio* (Otago University Press) y *The turnrow Anthology of Contemporary Australian Poetry* (Desperation Press/Turnrow Books). Muchas gracias a los editores de estas publicaciones.

Agradezco a Sharon Olds y Bronwyn Lea la lectura generosa y atenta del manuscrito de este libro, así como a Charles Simic, Meghan O'Rourke, Yusef Komunyakaa, Matthew Rohrer y mis compañeros de la NYU, especialmente a Jeannie Vanasco, por sus comentarios a poemas individuales. También estoy muy agradecida a mi editora, Felicity Plunkett, a mi responsable editorial, Madonna Duffy, y al equipo de la UQP por su pericia y entusiasmo. Este libro fue terminado con la ayuda de la Australia Council Literature Residency en la BR Whiting Studio, Roma; McDowell Fellowship; Marten Bequest Travelling Scholarship y Fulbright Scholarship. Mi más sincero agradecimiento a todas estas instituciones por su apoyo.

Índice

10   I
11   I
    Medusa   12
    Medusa   13
    This Landscape Before Me   14
    El paisaje ante mí   15
    The Orchid House   18
    La casa de las orquídeas   19
    Tropic Rain   22
    Lluvia tropical   23
    Botany   24
    Botany   25
    A Scrap of Lace   26
    Un retal de encaje   27
    An Illustrated History of Settlement   30
    Una historia ilustrada del asentamiento   31
    The House on Stilts   34
    Palafito   35
    Galah's Skull   38
    Calavera de galah   39
    Desert Pea   42
    Guisante del desierto   43
    Approaching Paradise   44
    Llegando al paraíso   45

48 II
49 II
   The Vulture 50
   El buitre 51
   Essay on the Toucan 54
   Ensayo sobre el tucán 55
   The Capuchin 56
   El mono capuchino 57
   The Macaw 60
   El guacamayo 61
   Life Cycle of the Eel 66
   Ciclo vital de la anguila 67
   Orange-bellied Parrot 70
   Periquitos ventrinaranjas 71
   Green Ant Tarantella 74
   Tarantela de las hormigas verdes 75
   Three Sketches of a Favourite Cat 76
   Tres esbozos de un gato preferido 77
   Possum 80
   Zarigüeya 81
   Muttonbird 84
   Pardela 85
   A Crab Tide 86
   Una marea de cangrejos 87

88 III
89 III
   Of Germany 90
   De Alemania 91
   Late Hammershøi 92
   Collioure/Love Poem 96
   Collioure / Poema de amor 97

Beauty is a Ticket of Admission to All Spectacles   98
La belleza es una entrada para todos los espectáculos   99
In the Mauerpark   100
En el Mauerpark   101
Primavera: The Graces   102
Primavera: las Gracias   103
Poem for My Father at Sanssouci   104
Poema para mi padre en Sanssouci   105
The Quattrocento as a Waltz   106
El *quattrocento* como un vals   107
Interbellum   108
Interbellum   109
Rain, Ravello   112
Lluvia, Ravello   113
Embouchure   114
Embouchure   115
Aubade   118
Alba   119
Against Ingres   120
Contra Ingres   121
Liebesträume   124
Liebesträume   125
Umbrian Sketch   126
Boceto umbriano   127
Reclining Nude   128
Desnudo reclinado   129
Goya's Dog   132
El perro de Goya   133
The Flowers on His Bedside Speak of Eternity   134
Las flores en el cabecero hablan de la eternidad   135
No End to Images   138
No terminan las imágenes   139

140 *IV*
141 IV
   Insurgency 142
   Insurgencia 143
   Night Sonnet 144
   Soneto nocturno 145
   Impressions of April 146
   Impresiones de abril 147
   Morningside Spring 148
   Primavera en Morningside 149
   Mercado 150
   Mercado 151
   Garden Apartment, Taube 152
   Apartamento con jardín, Taube 153
   Via dell'Amore 154
   Via dell'Amore 155
   The Atlantic 156
   El Atlántico 157
   O California 160
   Oh, California 160
   The Invention of Ether 164
   La invención del éter 165
   Last Goodbyes in Havana 168
   Últimos adioses en La Habana 169
   Postcard from Another Life 170
   Postal desde otra vida 171
   Ensign 172
   Insignia 173
   The Hazards 174
   Los peligros 175

179 Notas
183 Agradecimientos

www.ingramcontent.com/pod-product-compliance
Lightning Source LLC
Chambersburg PA
CBHW032147160426
43197CB00008B/796